具体と抽象

世界が変わって見える知性のしくみ

細谷功
一秒 漫画

dZERO

はじめに　「わかりやすさの時代」にどう生きるか？

世の中、何ごとも「わかりやすい」方向に流れていきます。

書店には「わかりやすい……」といったタイトルの本が並び、テレビ番組も「日本語字幕」に加えて、万人にわかりやすい番組が増え、政治家にも経営者にも「わかりやすく説明すること」が求められています。

これは普遍的かつ後戻りのできない、一方的な不可逆の現象のようです。

会社などの組織も、創業したばかりのときは「一人の設計者」によってできあがったものが、時の経過とともに次第に「民主化」して万人のものとなるのは歴史の常です。そうなると求められるのは必然的に、「万人へのわかりやすさ」ということになります。しかもこの状況は一度できあがってしまえば、簡単には後戻りはせず、極論すればこの状況が変化するのは、「新しいもの（人やしくみ）が古いものに取って代わる」ときだけです。この「時間経過とともに民主化される」構図は会社組織に限った話ではありません。

「わかりやすい」とは、多数派に支持されることを意味します。だからわかりやすい商品のほうが、わかりにくいものよりも売れます。したがって会社では、わかりやすいことをやっている人が必ず優勢になります。選挙でも大抵「わかりやすい人」が勝ちます。

一つのしくみの中で、「わかりやすさ」は不可逆的に増殖していきます。

本書はある意味で、その「わかりやすさ」に逆行する本です。「四コマ漫画」や「図解」という手段を取り、文字数やページ数を抑えた体裁から、一見とっつきやすく「わかりやすい」本のように見えるかもしれませんが、じつは世にいう「わかりやすさ」とは方向性がまったく異なります。

「わかりやすさ」の象徴が「具体性」です。本でもテレビ番組でも講演でもネットの記事でも、「具体的でわかりやすい」表現が求められ、「抽象的な表現」は多数の人間を相手にした場合には徹底的に嫌われます。ところが本書で表現したいのはその抽象概念そのものです。

ではなぜあえて、本書は具体性という意味での「わかりやすさ」に対して疑問を投げかけるのか。「わかりやすさ」が求められるのは、社会や組織が「成熟期」に入ってからが顕著です。このような段階では、連続的な変化は起こせても、破壊的にそれまでの弊害をリセットするようなことを行うのがきわめて難しくなります。ところがそういう「成熟期」だからこそ、来るべき「衰退期」に備えて「世代交代」を考えるのが必要なのは、人間の一生との比較から明確です。

そんな時代に必要な能力が「抽象概念を扱う」という、不連続な変化を起こすために必要な知的能力です。

本書で述べるとおり、人間の知性のほとんどは抽象化によって成立しているといっても過言ではありませんが、すべて具体性が重視される「わかりやすさの時代」にはそれが退化していってしまう危険性があります。

そのような「抽象」を扱う方法を、「具体」との対比で「わかりやすく」解説するのが本書の目的です。ただしその「わかりやすさ」は、具体の世界でいうわかりやすさとは違います。

本書は主に、二つのタイプの想定読者を対象に書いています。

まず、このような抽象概念を扱う思考力を高めて、発想力や理解力を向上させたいと思う読者です。「具体と抽象」という概念は、学校教育でも根本になっている考え方だと思われますが、明示的にこのような形では教えられていません。したがって、日々何らかの形で実践はしていても、部分的なもので終わっている可能性が高いのです。

本書ではそのような読者に、いま実践している考え方がどういうしくみに基づいているのかを明示するとともに、さらにそれを一つのモデルとして応用させる考え方を提示します。

もう一つの対象層は、意識的にせよ無意識的にせよ、自ら具体と抽象という概念の往復を実践しながら、周囲の「具体レベルにのみ生きている人」とのコミュニケーションギャップに悩んでいる人です。抽象の世界というのは具体の世界と違って、見えている人にしか見えません。したがって、「見えてしまった人」が「まだ見えていない人」とコミュニケーションするのは一苦労どころの話ではありません（実際はまともに意思疎通することは、ほとんど不可能です）。

そのような読者に対しては、そのメカニズムを明確に提示することで、頭の中のモヤモヤ感を少しでも解消するとともに、その改善のヒントを得てもらうことをねらいとします。

本書によって、一人でも多くの人が抽象化思考の重要性を再認識するとともに、「抽象度」という、世の中をとらえる「共通の物差し」が日常的に語られる日が来ることを祈ります。

目次

具体と抽象

世界が変わって見える知性のしくみ

序章

抽象化なくして生きられない

本書のテーマは「具体と抽象」です。

私たちのまわりの世界は、突き詰めればすべてがこれら二つの対立概念から成り立っています。ところが私たちは普段、これらの関係をほとんど意識することはありません。

具体や抽象という言葉が日常生活で使われる場面を考えてみます。

「具体」という言葉が最も用いられるのは、何かをわかりやすく説明するときに、「具体的に言うと……」とか、相手の話がよくわからないときに「もう少し具体的に話してもらえませんか？」といった場合でしょう。逆に「抽象」という言葉が用いられる場面は、「あの人の話は抽象的でわからない」といった文脈だと思います。

このように、「具体＝わかりやすい」「抽象＝わかりにくい」というのが一般的に認知されているこれらの概念の印象です。つまり、抽象というのはわかりにくい、実践的でないといった否定的な形で用いられているのが大抵の場合ではないかと思います。このように、具体＝善、抽象＝悪という印象はとんでもなく大きな誤解です。

本書の目的は、この「抽象」という言葉に対して正当な評価を与え、「市民権を取り戻す」ことです。

これほど役に立ち、人間の思考の基本中の基本であり、人間を人間たらしめ、動物と決定的に異なる存在としている概念なのに、理解されないどころか否定的な文脈でしか用いられていないことは非常に残念なことです。

「抽象化を制するものは思考を制す」といっても過言ではないぐらいにこの抽象という概念には威力があり、具体と抽象の行き来を意識することで、間違いなく世界が変わって見えてきます。

人間が頭を使って考える行為は、実はほとんどが何らかの形で「具体と抽象の往復」をしていることになります。つまり、「具体化」と「抽象化」が、人間しか持っていない頭脳的活動の根本にあるということなのです。

それほど重要な概念であるにもかかわらず、普通に生活したり、学習したりしている範囲では、大抵の人はこのことを体系的に学ばずに一生を終えてしまうのです。学校でも職場でも、ほとんど明示的な形では教えてくれません。本書ではその重要性を理解するために、その概念と、実生活にどのように適用するかについて解説します。

次ページの表を見てください。「具体と抽象」の特徴を比較しました。各々の比較については各章で具体的に説明しますが、ここで簡単にまとめておきます。

具体は通常「目に見える」実体と直結し、抽象は「目に見えない」もので、実体とは一見乖離《かいり》したものです。抽象に正確に対応した言葉として、「具象」もありますが、本書では、一般に用いられて認知度の高い「具体」という言葉で統一します。本書での具体は具象と同義です。

具体	抽象
・直接目に見える	・直接目に見えない
・「実体」と直結	・「実体」とは一見乖離《かいり》
・一つ一つ個別対応	・分類してまとめて対応
・解釈の自由度が低い	・解釈の自由度が高い
・応用が利かない	・応用が利く
・「実務家」の世界	・「学者」の世界

具体は一つ一つの個別事象に対応したもので、抽象はそれらを共通の特徴で一つにまとめて一般化したものです。つまり複数（N）の具体に対して一つの抽象が対応する、「N：1」という対応関係になります。

したがって、具体的な表現は、解釈の自由度が低い、つまり人による解釈の違いがほとんどないのですが、反対に抽象的な表現は、解釈の自由度が高く、人によって解釈が大きく異なる場合があります。解釈の自由度が高いということは、応用が利くことになり、これが抽象の最大の特長ということになります。

学者や理論家の仕事は通常、複数の事象を一般化・抽象化することで理論化・法則化して、だれにでも役に立つ汎用《はんよう》的なものにすることです。一方で、理論化されたものはそのままでは実行するのが難しいので、それを具体化する必要があります。そのため実務家は、具体レベルでの実行を重視します。

本書を読む前と読んだあとでは世の中がまったく変わって見える、それがこの本の目標です。その目標を達成するために本書の内容そのものが「具体と抽象の往復」になっています。本書のテーマは「具体と抽象」という抽象概念そのものですが、そのイメージをしっかりと焼き付けていただくために、さまざまな具体例を用いて解説していきます。時には具体例を抽象化し、あるいは逆に抽象概念を具体化してみます。

それでは「具体と抽象」の世界の入り口へ読者の皆さんをお招きしましょう。

第1章

数と言葉 人間の頭はどこがすごいのか

人間が最も動物と異なっていることは何でしょうか？

「知能が（突出して）発達していること」であることに異論を唱える人はいないでしょう。では、発達した知能とは、どのようなものなのでしょうか？

言葉や数を自由に操れる、それによって知識を蓄積し、科学のように役に立つ体系的な理論として構築し、再現可能にすることでさまざまな「道具」を発展させて活用できる……このようなことが動物と人間を異なる存在にしているといってよいでしょう。

その中でも言葉や数を操れることが、人間の知能の基本中の基本でしょう。言葉がなければ、コミュニケーションも知識の伝達も不可能です。さまざまな道具や紙、技術を発展させ、伝承させることができたのも、言葉や数（や記号）によってそれらを記述し、記録することができたからです。

言葉と数を生み出すのに必要なのが、「複数のものをまとめて、一つのものとして扱う」という「抽象化」です。言い換えれば、抽象化を利用して人間が編み出したものの代表例が「数」と「言葉」です。

抽象化のない世界はどんな世界でしょうか。それは、私たちの世界に数と言葉がなかったら……と考えてみるのが一番簡単です。数と言葉を取り上げられたら、私たちの生活はほとんど成り立たず、動物と同様の生活になってしまいます。言葉がなければコミュニケーションは成り立たないばかりか、本を読んだり勉強したりすることもできません。また数がなければ、「お金」を使った経済活動は一切成立しませんし、電車も自動車も使えないどころか、科学技術の発達も一切なかったことでしょう。

改めて、数と言葉がどのように成り立っているかを考えてみましょう。ここに抽象化の本質が隠されています。

数と言葉を成立させるためには、「『まとめて同じ』と考える」ことが不可欠です。まず数に関してですが、リンゴ三個も犬三匹も松の木三本も本三冊も、「まとめて同じ」と考えることから「三」という数が成立しています。

なにげない、当たり前のことのようですが、動物にはこのような「概念」を（ほんの一部の限定的なことしか）扱うことができません。

同じように「言葉」も、「まとめて同じ」と考えることで、個別の事象に名前をつけることができ、それらの同じ性質をまとめて扱うことでコミュニケーションができたり、森羅万象《しんらばんしょう》の理解が進んだりします。

鮪《まぐろ》も鮭《さけ》も鰹《かつお》も鰺《あじ》も、まとめて「魚」と呼ぶことで、「魚を食べよう」とか「魚は健康に良い」という表現が可能になり、「魚類」の研究が進むことになります。「魚」という言葉（や同等の言葉）を使わずにこれらを表現しようと思うと、いちいち個別の魚の名前をすべて挙げることになります。さらにいえば、「鮪」という名前も、何万匹といる個別の鮪を「まとめて同じ」と扱っているからつけられたのです。「いま◯◯沖のA地点で群れて泳いでいる先頭の鮪」と「昨日××さんが築地に揚げて、いまセリを待っている手前から三列目、左から五番目の鮪」を鮪という言葉を使わずにすべて区別していたら、どれだけ大変なことになるか、文字どおり「想像を絶する」ことになるでしょう。

本書では、このように「個別」としての具体と「まとめて同じ」として扱う抽象の関係を次ページの図のような三角形で表現します。

この三角形は、次のことを象徴的に示したものです。

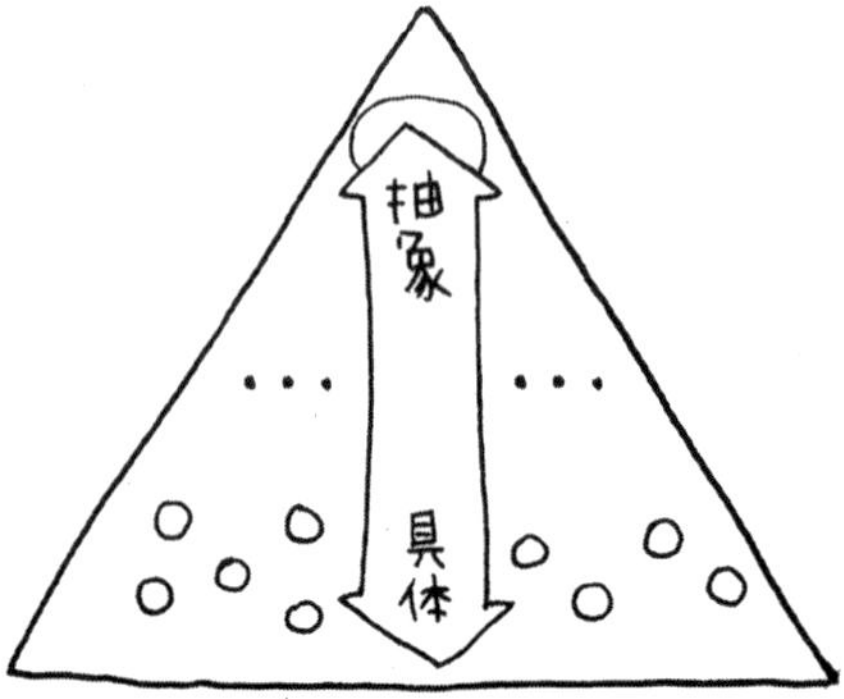

●複数の具体を「N：1」でまとめたものが抽象であるという関係（だから下にいくほど広がっていく）

●具体↕抽象という関係は、相対的に連続して一体となって階層的に存在するということ（たとえば、「鮪」は「魚」の具体でもあり、個別の鮪の抽象でもあるというように、あくまでも相対的にどうみるかで具体か抽象かが決まる）

本書ではこの三角形を用いて、身の回りの事象の「具体と抽象」を一つずつ解説していきます（次ページ図）。

言語が抽象化の例だと書きましたが、言語能力は抽象化能力と表裏一体のものです。したがって、たとえ人間↕犬の「自動翻訳機」ができて、単語レベルの変換が可能になって話ができたとしても、抽象化のレベルが合わなくては、コミュニケーションにならないはずです。

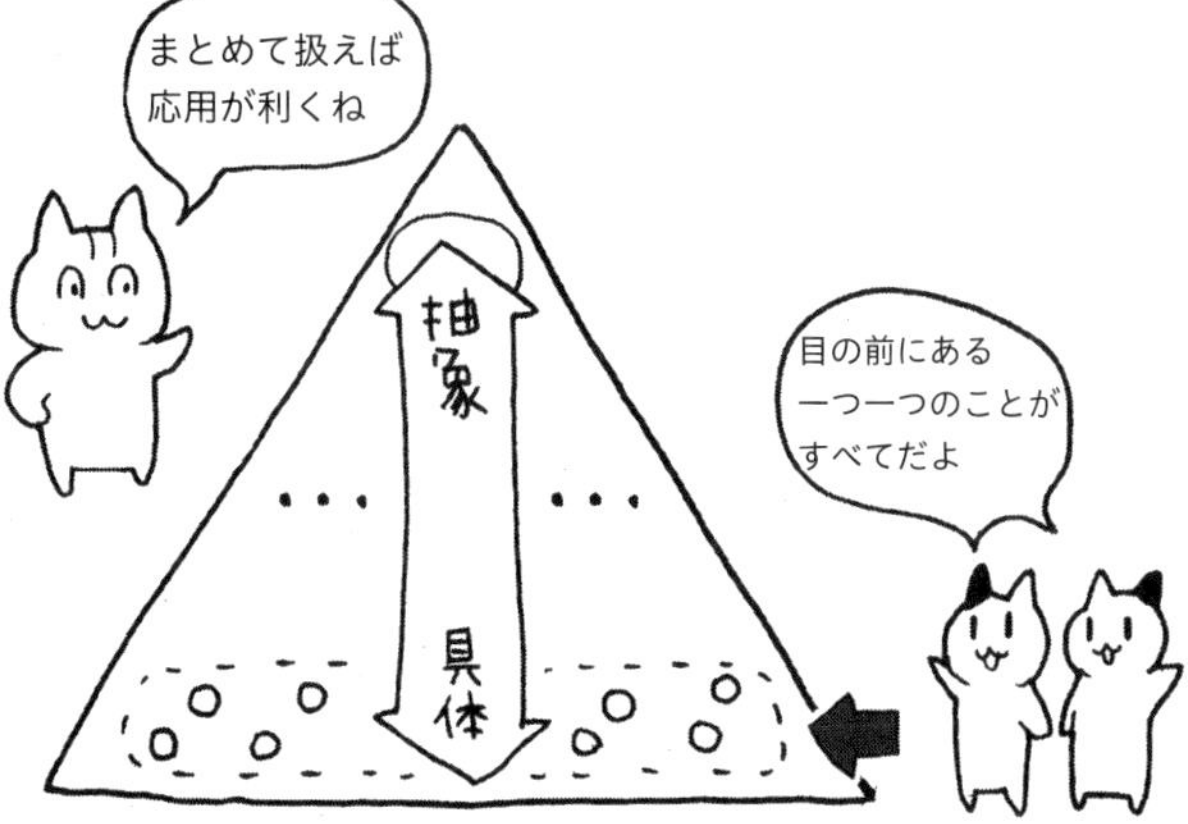
まとめて扱えば
応用が利くね
抽象
具体
目の前にある
一つ一つのことが
すべてだよ

たとえば、飼い犬との自動翻訳が可能になったという思考実験をしてみます。こんな会話が交わされることになるのではないでしょうか？

「ごはん食べる？」

「えっ⁉ 何ですか？ 『ごはん』って」

「『エサ』のことだよ」

「えっ⁉ 何ですか？ 『エサ』って」

「ローファットフードだよ、スーパーペット社製の……」

「えっ⁉ 結局、何を食べられるのかよくわからないなあ……？？」

「昨日の朝も夜も食べたでしょ？ 玄関の下駄箱の横に置いてあるあれのことだよ」

「ああ、あれのことですね。難しい言葉で言われたので、何のことだかさっぱりわかりませんでしたよ」

「えっ⁉」

……

犬はたとえ話せるようになったとしても、抽象化された概念の理解力が弱いので、たとえば右のような会話になってしまうはずです。基本的に、「具体的に」ものを見せられなければ、言葉では抽象的すぎてわからないということになるのです。

実際には、右の会話でも抽象的な概念（「何」もその一つ）が用いられているので、こうした会話ですら犬は簡単にはできないはずです。

このように何気なく使っていながら、人間の知能の「すごさ」を最も象徴的に表すのが「抽象化」です。その威力や使い方について、次章以降で探っていくことにしましょう。

第2章
デフォルメ
すぐれた物まねや似顔絵とは

抽象化とは一言で表現すれば、「枝葉を切り捨てて幹を見ること」といえます。文字どおり、「特徴を抽出する」ということです。要は、さまざまな特徴や属性を持つ現実の事象のなかから、他のものと共通の特徴を抜き出して、ひとまとめにして扱うということです。

裏を返せば、共通の特徴とは関係のない他の特徴はすべて捨て去ることを意味します。先の言葉でいえば、「共通の特徴」が幹、「それ以外の特徴」が枝葉ということになります。

一つの事象からどんな特徴を抜き出すかは、そのときの目的や方向性によって変わってきます。「一人の人間」をとっても、「学生」「男性」「病人」「体重七〇キロの人」「未婚者」など、さまざまな形の「特徴の抽出方法」が存在します。

たとえば、一人の人間を「抽象化」するにも、銭湯やトイレという場面で考えれば「男性か女性か」という特徴が重要ですし、映画館の料金を決定するに際しては、「社会人か学生か子供か」という属性が最も重要な特徴ということになります。

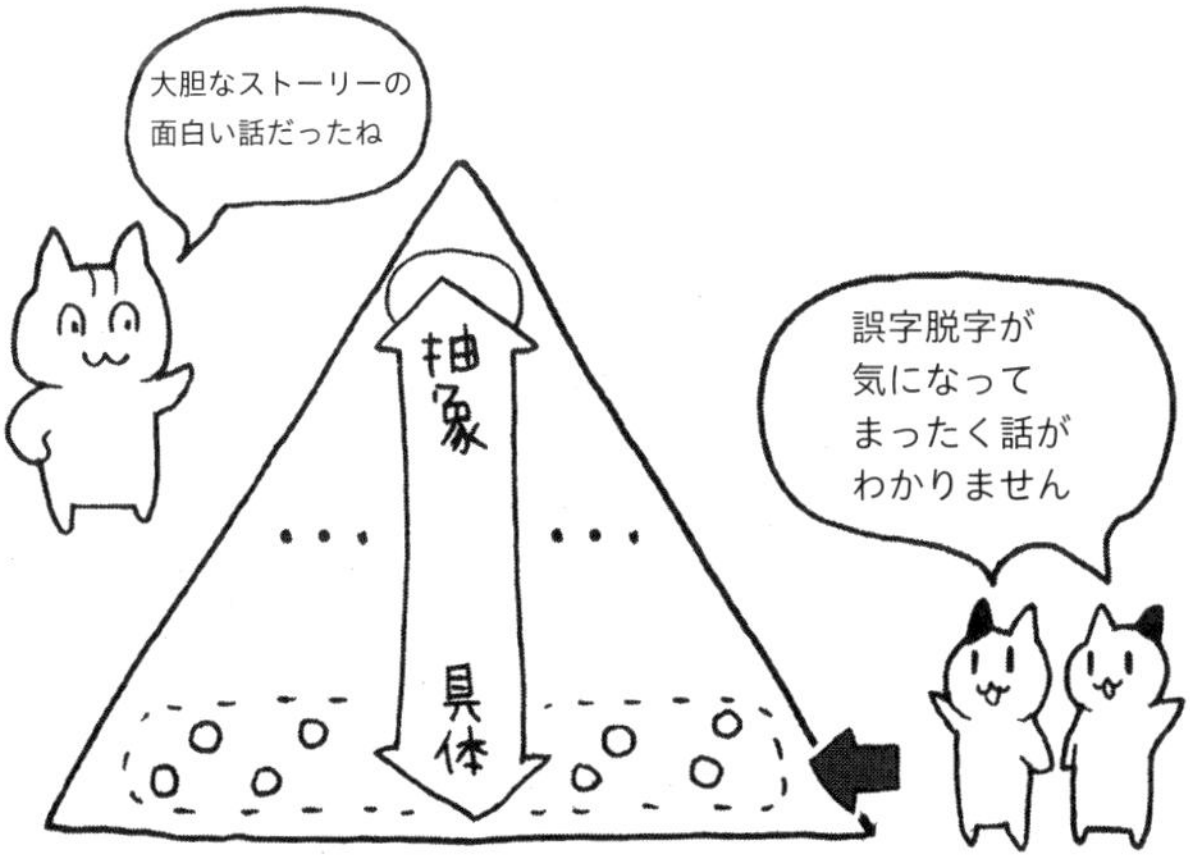

「枝葉を切り捨てる」のが抽象化の基本である以上、必要以上に細部にこだわるのはマイナスですが、かたや「神は細部に宿る」という言葉があるように、細部へのこだわりが重要になることも多々あります。これらはどう使い分ければよいのでしょうか？　それが前述した「目的」です。

樹木の場合には、どれが「幹」でどれが「枝葉」であるかは固定されていますが、抽象化における「幹」と「枝葉」は目的によって異なります。ところが人間のこだわりは目的によって変えるのが難しいために、まわりからみると「枝葉にこだわっている」人が多いように見えます（上図）。

「細部を切り捨てて特徴を抽出する」といえば、物まねや似顔絵を思い起こします。思わず笑ってしまったり感心したりするような物まねや似顔絵は二通り考えられます。一つは文字どおり「写実的」ですべてが本物そっくりなもの。つまり具体レベルで似ているというもので、もう一つが、どこが似ているのかわからないのに似ていると思わせるもの、つまり特徴がデフォルメされて見事に表現されているものです。

抽象化とは、このような「デフォルメ」です。特徴あるものを大げさに表現する代わりに、その他の特徴は一切無視してしまう大胆さが必要といえます。

第3章

精神世界と物理世界

言葉には二つずつ意味がある

「投げる」「蹴飛《けと》ばす」といった動詞。
「姿勢」「基礎」といった名詞。
「美しい」「優しい」といった形容詞。
「まっすぐだ」「きれいだ」といった形容動詞。
……

これらの言葉はすべて、目に見える物理的世界で用いられる場合と、比喩として精神的世界で用いられる場合があり、二通りの使い道があります。

たとえば、（ボールを）「投げる」という物理的動作を「あきらめて放棄する」という抽象概念と結びつけ、同じ「投げる」という言葉を使うのです。このように、「体の動き」を「心の動き」になぞらえる考え方は日本語にかぎらず他の言語にもあり、これは人間が本来生まれながらに持っている「感覚」というものなのでしょう（次ページ図）。

このように、単に目に見える具体的な世界で起こっている事象を精神的な世界にも拡大して（あるいは「目に優しい」のように精神世界の表現を物理世界に逆方向に拡大して）思考の世界を広げられるというのが人間の脳の優秀なところです。

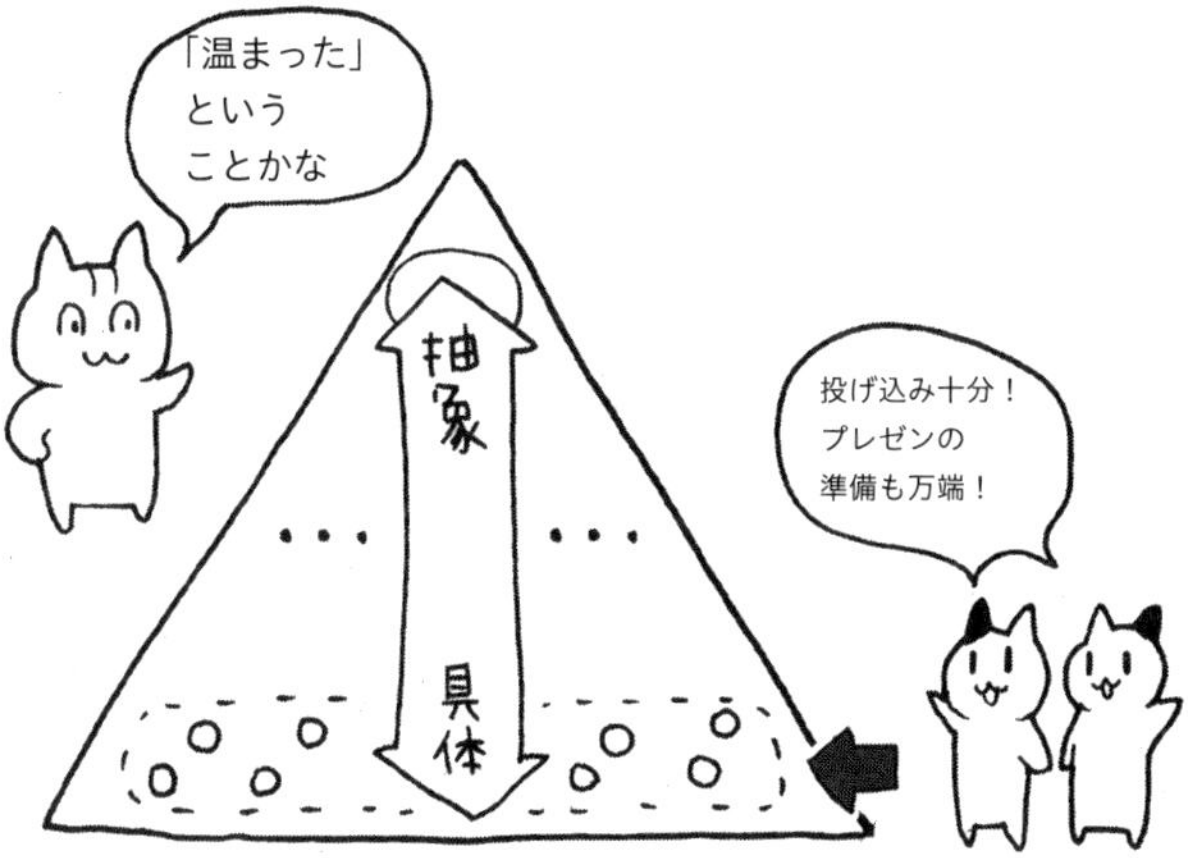
「温まった」
という
ことかな
抽象
具体
投げ込み十分！
プレゼンの
準備も万端！

物理的な実際の経験を、精神世界の感情や論理にまで延長させて、物理的な世界と同様の世界を頭の中だけで作り上げてしまう（たとえば「あきらめる」という心理的な状況はまわりの人の目には明示的には見えないはずです）のは、人間にしかできない知的な芸当といえるでしょう。これもまさに抽象化の賜物《たまもの》です。

動物には（おそらく）物理的な世界しか存在しないでしょう。精神世界はあったとしても、人間の精神世界とは比較にならないわずかなもので、それも（おそらく）、物理的な世界と直接的に紐《ひも》づいたものがほとんどではないでしょうか。

人間が楽しんだり悲しんだり悩んだりするのは、「よくも悪くも」抽象化という行為のおかげです。抽象化によって人間の精神世界が何十倍にも広がっているのです。

第4章

法則とパターン認識
一を聞いて十を知る

抽象化の最大のメリットとは何でしょうか？

それは、複数のものを共通の特徴を以《もっ》てグルーピングして「同じ」と見なすことで、一つの事象における学びを他の場面でも適用することが可能になることです。つまり「一を聞いて十を知る」（実際には、十どころか百万でも可能）です。

抽象化とは複数の事象の間に法則を見つける「パターン認識」の能力ともいえます。身の回りのものにパターンを見つけ、それに名前をつけ、法則として複数場面に活用する。これが抽象化による人間の知能のすごさといってよいでしょう。

具体レベルの個別事象を、一つ一つバラバラに見ていては無限の時間がかかるばかりか、一切の応用が利きません。一般に「法則」とは、多数のものに一律の公式を適用でき、それによって圧倒的に効率的に考えることを可能にするものです。

ここでいう「法則」は、「フレミングの法則」や「慣性の法則」のような物

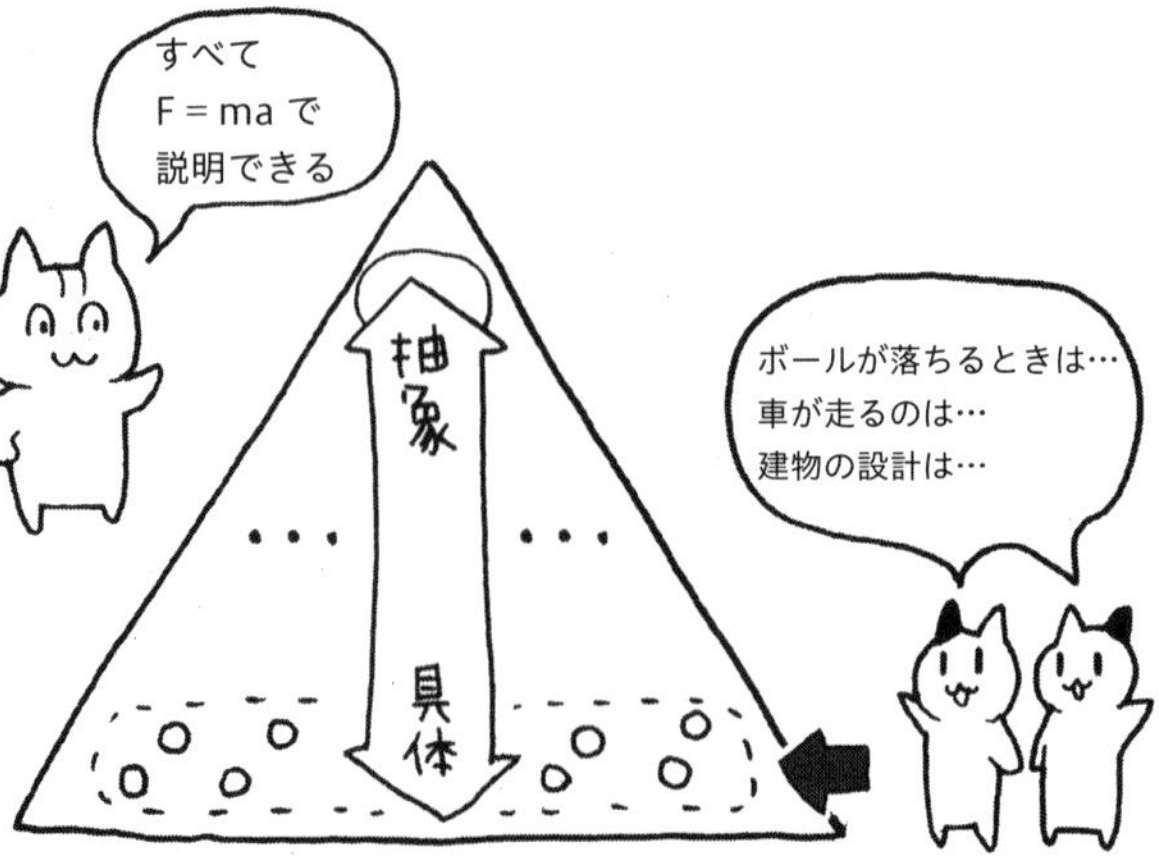
すべて
F = ma で
説明できる
ボールが落ちるときは…
車が走るのは…
建物の設計は…
抽象
具体

理学の法則だけではありません。たとえば身近な「夕焼けが出れば翌日は晴れる」のような「経験則」でも構わないし、さらに卑近な例でいえば、会話の相手が怒っていたり喜んでいたりする状況を相手の表情から読み取れるというのも、暗黙のうちに私たちが相手の顔の動きの「パターン」を読み取って、「こういう場合は怒っている」と判断しているわけです。「パターン認識」や「法則」によって私たちがどれだけ「賢く」なっているかは計り知れません。その根本にあるのが抽象化なのです。

このような身近な生活の知恵のみならず、アカデミックな知も、抽象化という形で「表面上異なる複数の事象を同じに扱う」ことで発展してきたものです。「エネルギー」という概念で「熱」や「運動」や「高さ」をすべて「同じもの」ととらえたおかげで、これらを「エネルギー保存の法則」という理論で取り扱い、たとえば発電という形で人類全体の役に立つ応用技術が生み出されてきました。これも、抽象化による知の発展として挙げられます（前ページ図）。

抽象化なくして科学の発展はなく、抽象化なくして人類の発展もなかったといってよいでしょう。

第5章 関係性と構造 図解の目的は何か

本章では、「抽象化」の概念のうち、ここまでとは違う視点を紹介します。

それは「関係性と構造」という側面です。具体のレベルは、基本的に「個別・バラバラ」の世界です。つまり、一つ一つの事象をすべて個別に扱うのが具体だとすれば、抽象とは、それらをまとめて「関係性」や「構造」として扱うということができます（上図）。よく考えてみれば先述のパターン認識も、何かと何かの関係性を一般化したものといえます。

ここでの「構造」は、二者以上の複雑な関係性のセットを指すこととするので、基本的には「単品」で考えるか、「関係性」で考えるかの違いになります。

ここまで述べてきた、鮪《まぐろ》↓魚↓動物↓……といった抽象化は、基本的に前者が後者の「部分集合」であるという関係（単純に包括的である）でした。これに対して、たとえば「反意語」という言葉（概念）は、賛成↕反対、自動↕手動といった、二つの言葉同士の「関係性」を抽象化したものです。

「関係性」は、一般に直接目に見えないという特徴を持っており、これは先の抽象化も同様です。考えてみれば、諸々の「法則」も、大抵の場合はある事象と別の事象との「関係性」（や構造）を示したものといえます。F＝maという、ニュートンの運動方程式も力（F）が質量（m）と加速度（a）の積になるという「関係性」です。

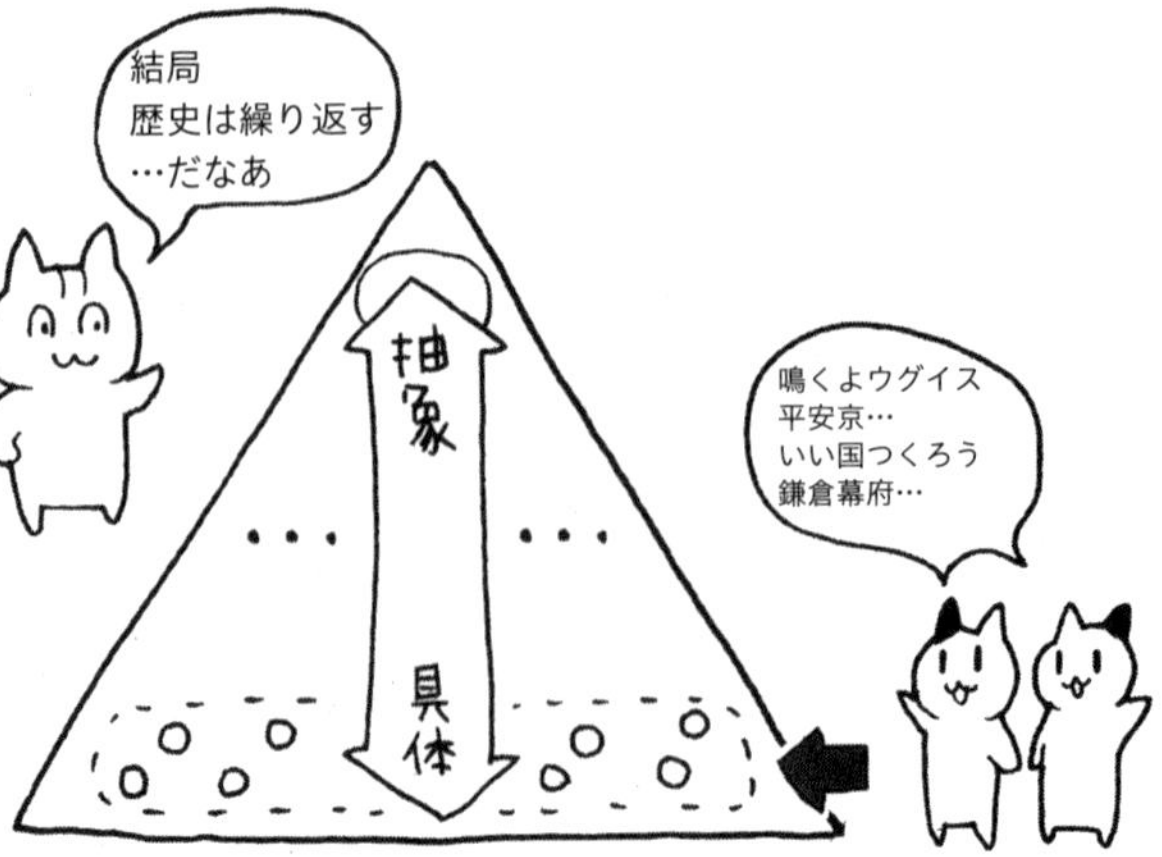
鳴くよウグイス
平安京…
いい国つくろう
鎌倉幕府…
抽象
具体
結局
歴史は繰り返す
…だなあ

関係性を一般化して法則にできる抽象化能力も、人類の知の発展に計り知れない貢献をもたらしています。「関係性」をこのようにとらえるためには、事象を個別に見るのではなく、ある程度の複数の事象をまとめて「上から」眺めることが必要になってきます。

歴史の勉強が典型です。一つ一つの個別の出来事の年代を暗記しているだけでは、それらの関係性は見えてきません。「因果関係」をとらえて、それを将来に活かすのが歴史を学ぶことの一つの大きな意味ですが、そのためには抽象化の視点が不可欠ということになります（前ページ図）。

抽象化のツールとして「シンプルな図解」があげられます。図解は「関係性」を表現するためのものです。一つ一つの図形の「個性」を極力排して、「丸」とか「三角」にしてしまい、それらがどのような関係になっているのかという、相対的なつながりのみを表現することが図解の主な目的です。

第2章で、抽象化の代表例として「デフォルメされた似顔絵」をあげましたが、いわば図解は、「世の中の事象の関係性」の「とぎすまされた似顔絵」といってもいいでしょう。目や鼻や口は「同じ形」で表現され、それらの「相対的関係性」（大小関係や位置関係）のみを表現したものが図解です。

第6章

往復運動 たとえ話の成否は何で決まるか

「たとえ話」は、説明しようとしている対象を具体的につかんでもらうために、抽象レベルで同じ構造を持つ別の、かつ相手にとって卑近な世界のものに「翻訳」する作業といえます。説明したい新しい概念や事例を、身近な事例で似ているものを使って説明するのです。

たとえ話のうまい人とは「具体↓抽象↓具体という往復運動による翻訳」に長《た》けている人のことをいいます（上図）。

うまいたとえ話の条件を考えてみましょう。

①たとえの対象がだれにでもわかりやすい身近で具体的なテーマ（スポーツやテレビ番組など）になっている。

②説明しようとしている対象と右記テーマとの共通点が抽象化され、「過不足なく」表現されている。

「抽象化の品質」を決めるのが二点目の条件です。共通点が、他にはあてはまらないような共通点であること、そして、二つの領域の相違点が、説明したいポイントとは関係ないものであることが必要です（そうでないたとえ話はフィット感がなく、「なんかちょっと違う」となります）。

つまり、「共通点と相違点」を適切につかんでいることが抽象化、ひいてはたとえ話の出来映えを決定するというわけです。

たとえ話に加えて、短歌や俳句なども抽象化の産物であるといえます。一つは字数に制限があることから、言いたいメッセージをシンプルに「抽出」する必要があること、さらには、実際に言いたいこととは異なる身近な自然や身の回りの事象から「たとえ話」として表現することが多いことからです。

うまい短歌や俳句は、きわめて具体的なことを表現しているように見えながら、じつは「深い」抽象的なメッセージを有していることが多いのです。

学問は多かれ少なかれ、抽象概念を扱ったものですが、「往復運動」、すなわち「抽象化」と「具体化」を分けて考えてみると、学問にも「抽象化」をメインにしたものと「具体化」をメインにしたものがあることがわかります。

たとえば理科系の学問に、「理学」と「工学」がありますが、これらはある面において「正反対」です。「抽象化」（具体→抽象）という方向性なのか（理学）、逆に「具体化」（抽象→具体）という方向性なのか（工学）の違いがあるからです。学問の目的は、大抵の場合は具体的事象から理論を導いて抽象化して理論化することで汎用性を上げることですが、工学は、基本原理から応用例を作りだして実践につなげるのが主な目的といえます。

徹底的に抽象度を高めた学問の代表が数学と哲学です。ざっくり言ってしまえば、抽象化の対象を論理の世界だけで説明するもの、つまり純粋に理論的なものが数学です。これに対して、対象が人間の思考や感情など、理論や論理だけでは説明がつかないものが哲学ということになるでしょう。

ただし、「頭の使いどころ」は「高度な抽象概念の操作」という点で一致していますから、同時に数学者であり哲学者として一流の仕事を残している人（デカルト、パスカル、ライプニッツなど）が多いのも十分うなずけます。

第7章

相対的「おにぎり」は具体か抽象か

何が具体で何が抽象かというのは、絶対的なものではなく、お互いの関係性で成り立つものです。つまり、「具体と抽象」という言葉自体が「相対的な関係性」を示す概念であって、絶対的な具体性や絶対的な抽象性があるわけではありません。

本書で用いている「ピラミッドの図」の読み方も、時と場合によって、どのレベルが具体でどのレベルが抽象であるかが変わります。

たとえば、「おにぎり」は具体的な表現でしょうか？　それとも抽象的な表現でしょうか？

「おにぎり」という言葉は、「鮭《さけ》のおにぎり」「おかかのおにぎり」「明太子《めんたいこ》のおにぎり」を抽象化した言葉としてとらえることもできますし、「食べ物」を具体化した言葉としてとらえることもできます。つまり、「個別のおにぎり」↓（抽象化）↓「おにぎり」↓（抽象化）↓「食べ物」……というふうに、具体↕抽象という関係は、どこまででも続けていくことができるのです。

したがって、Aさんが具体的だと考えていることは、Bさんにとってはちっとも具体的だと思えないこともあります。その逆もまた真なりです（上図）。

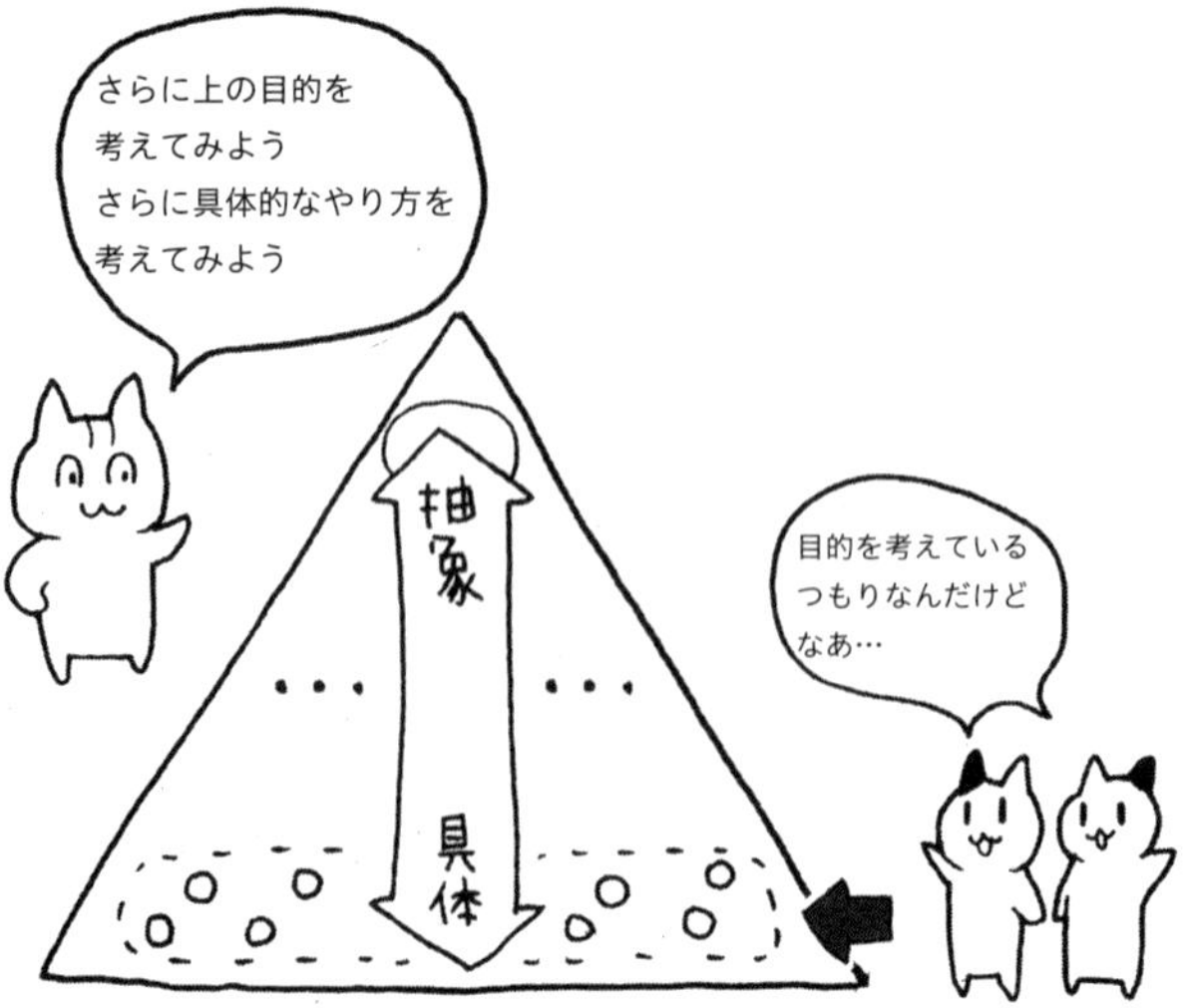
さらに上の目的を
考えてみよう
さらに具体的なやり方を
考えてみよう
抽象
具体
目的を考えている
つもりなんだけど
なあ…

たとえば、会社における上司Ａと部下Ｂの会話を考えてみます。

上司Ａ「Ｂ君、この前コメントした会議の案内、まだ直ってないみたいだけど……」

部下Ｂ「ああ、あれですね。一部コメントの意味がわからなかったんで、そのままになっているんですけど」

上司Ａ「たとえば、どこ？」

部下Ｂ「『会議の目的を記載すること』っていうコメントです。目的は記入したつもりだったんですけど……」

上司Ａ「『開発仕様書をレビューする』って、これは目的かな？」

部下Ｂ「そのつもりなんですが……」

上司Ａ「それはあくまでも手段じゃないの？」

部下B「だって、開発部長がそろう今度の会議では、それが目的じゃなかったんですか？？」

手段と目的の関係も、すべて相対的なものです。目的一つに対して手段は複数という形で階層が成立しますが、目的にはつねに、さらに抽象度の高い「上位目的」が存在します。

ここでは、「レビューすること」自身が目的だと考える部下Bさんに対して、たとえば「投資の意思決定をするため」とさらに上位目的で考える上司Aさんはそれが単なる手段の一つにすぎないととらえます。

このように、「抽象度の低い」目的と（抽象度の高い）「上位目的」の関係は、普段どこを見ているかによって変わって見えるということです。

このようなズレや行き違いが出るのは、「具体か抽象か」の尺度が相対的なものであるからです。

また、具体と抽象はこのように「上下」で階層構造を築いています。具体と

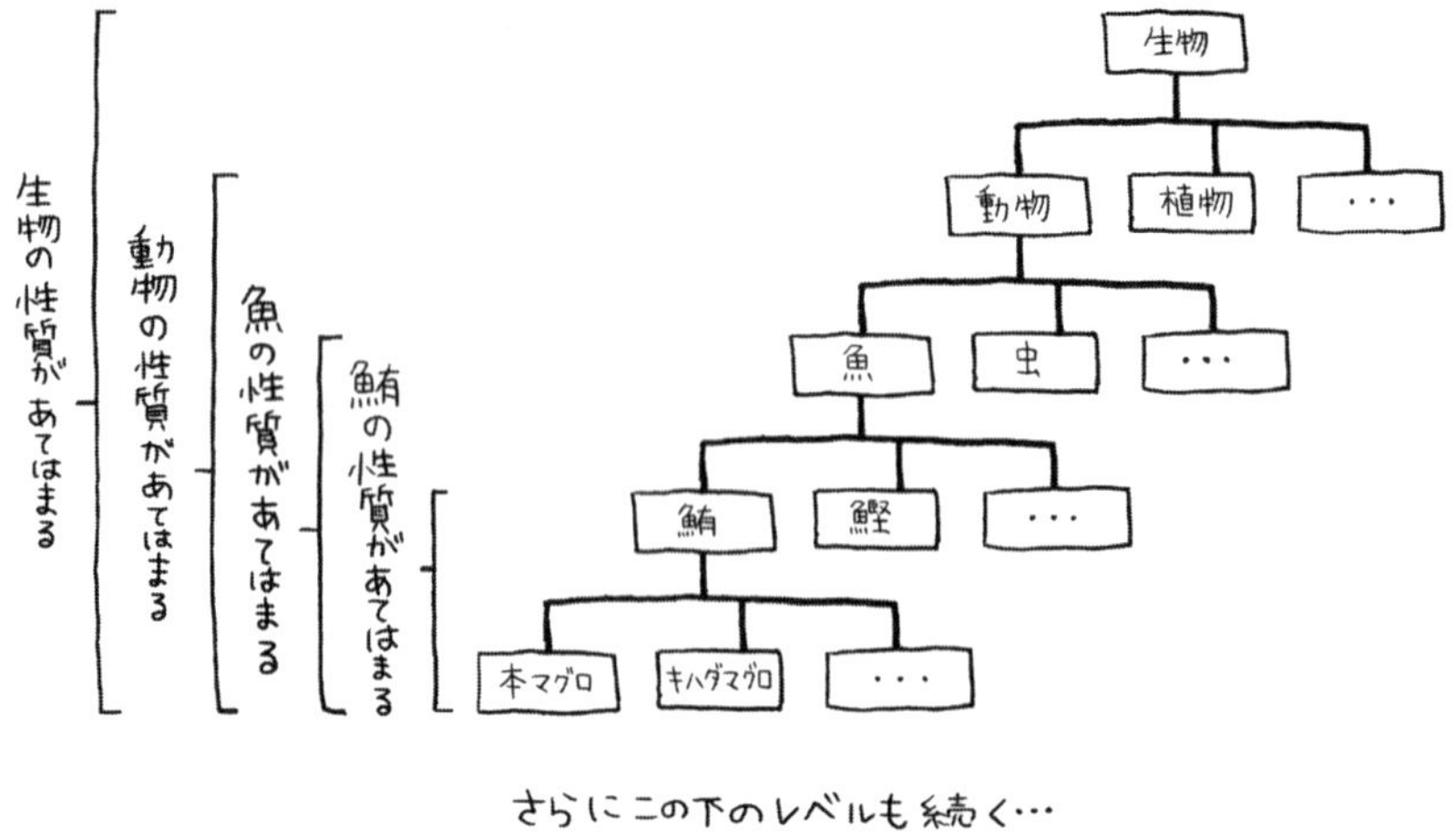
生物
動物
植物
…
魚
虫
…
鮪
鰹
…
本マグロ
キハダマグロ
…
生物の性質があてはまる
動物の性質があてはまる
魚の性質があてはまる
鮪の性質があてはまる
さらにこの下のレベルも続く…

抽象の関係が階層的になっているというのは、先の「魚」の例でいえば、図のようになります（上図）。

じつは抽象化の構造が階層的になっていることで、抽象化の威力がさらに増します。それは、階層の上位が持っている性質を下位の階層がそのまま引き継ぐということです（逆はそうではありません）。

つまり、「魚」が一般的に持っている特徴（えら呼吸をしている、死んだら目がにごる……など）は鮪《まぐろ》も鰹《かつお》もみな引き継ぎ、鮪が一般的に持っている特徴は、本マグロもキハダマグロもみな引き継ぐということです。

これが、学問や知の発展には大きく貢献します。つまり「一を聞いて十を知る」という、第4章で解説した抽象化の最大の意義は、「同種の集まり」の間での汎用性を高めるという「横方向」の応用に加えて、階層の上のルールや属性が下の階層にも同じように適用できるという点で「縦方向」の応用も意味することにあります。

第8章

本質議論がかみ合わないのはなぜか

「顧客の言うことを聞いていては良いものはできない」に対して、「顧客の声が新製品開発のすべての出発点である」。

「リーダーたるもの、言うことがぶれてはいけない」に対して、「リーダーは臨機応変に対応すべし」。

「長年の伝統は守るべし」に対して、「変化しないものは生き残れない」。

このような議論は日々さまざまな場所で昔から行われている、いわば「永遠の議論」ともいえます。

「時と場合による」と言ってしまえばそれまでですが、それではせっかくの教えが何の役にも立たなくなってしまいます。なぜこのような「永遠の議論」が続き、相矛盾するメッセージが残されているのでしょうか？

じつはこのような議論には、往々にして重要な視点が抜けています。そのおかげでいつまでたっても「永遠の議論」はかみ合わず、無駄な労力が何万人もの人に何万時間も費やされているのです。

その重要な視点が、まさに「具体と抽象」という視点なのです。ここでの「具体と抽象」というのは、「目に見えるもの（こと）」と目に見えないもの（こと）」「表層的事象と本質」といった言葉にも置き換えられます。このような視点で、つまり「抽象度のレベル」が合っていない状態で議論している（ことに両者が気づいていない）ために、かみ合わない議論が後を絶たないのです。

冒頭の一つ目の「対立意見」を取り上げましょう。

「顧客の意見は聞くな！」は、革新的な製品を生み出し続ける会社で聞かれる意見です。顧客の大多数は、製品の目に見える具体的な現象面しか見ておらず、それをクレームや改善要望として言ってきます。ここでいう「顧客の意見」とは、このような具体的な顧客の声を指します。

基本的に大多数の顧客は「いまあるものの改善」という、具体的なレベルの要望しか上げてきませんから、これに右往左往するということは本質的な解決にはつながりません（次ページ図）。

町民の言うことは絶対です！
「本当のニーズ」をつかまえるんだ町民の要望がつねに正しいわけではないよ

では、このような会社には売れる商品が作れないかといえば逆です。他社に先駆けた大ヒットを飛ばせる可能性をもっているのが、このような「顧客の声を聞かない」会社なのです。

顧客を無視して売れる商品が作れるわけはありませんから、このようなヒット商品は「顧客の心の声」を先読みした結果であると考えられます。「抽象度の高い」レベルでの顧客の声を反映した結果です。

顧客の声の抽象度の高低について、具体的な事例をあげて考えてみましょう。

いまある製品に対して、「このつまみを小さくしてほしい」とか「もっと明るい色にしてほしい」といった、直接目に見える「いまあるもの」への改善の要望が抽象度の低い（具体的な）顧客の声です。

逆に、個別の具体的な声を抽象化した「使いやすくしたい」「他の人と違う自分仕様のものを持ちたい」「短時間で終わらせたい」といった要望が、抽象度の高い顧客の声ということになります。

同様に、冒頭の他の二つの例も具体と抽象を切り分けることで、論点の相違が見えてきます。「リーダーの意見」や「伝統」は、簡単に変えるべきでないという考え方は、「哲学」や「基本方針」のような抽象度の高いレベルのものです。一方で、それを具体的に実現させる手段は、環境変化に応じて臨機応変に変える必要があるのは必然的な流れといえます。

世の「永遠の議論」の大部分は、「どのレベルの話をしているのか」という視点が抜け落ちたままで進むため、永遠にかみ合わないことが多いのです。

「変えるべきこと」と「変えざるべきこと」の線引きを抽象度に応じて切り分けることで論点が明確になります。また一見、反対のことを言っているように思われる「意見の対立」も、次ページの図のように「違うところを見ていただけ」である可能性も高いのです。

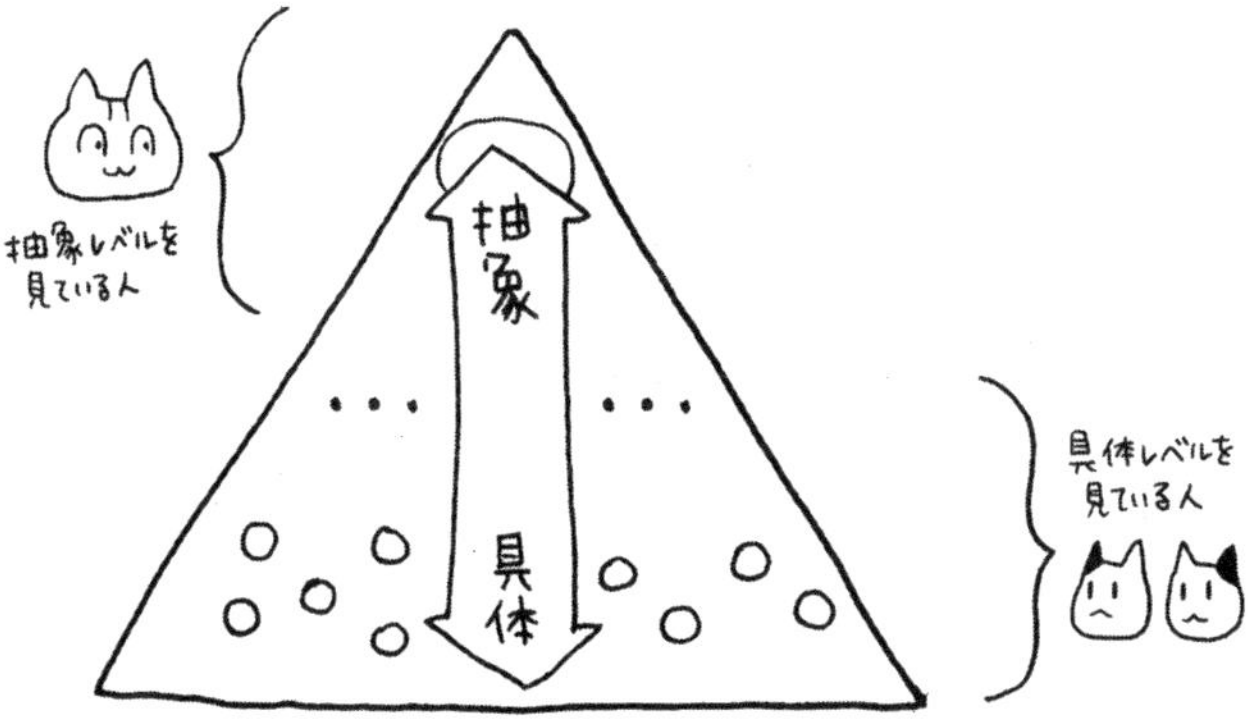
抽象レベルを
見ている人
抽象
具体
具体レベルを
見ている人

これらの事例から、「具体と抽象」をどう切り分けるべきかについて、一つの方向性が考えられます。製品でも会社でも社会一般でも、「不連続な変革期」においては、抽象度の高いレベルの議論が求められ、「連続的な安定期」には逆に、具体性の高い議論が必要になります。

一般に斬新な製品や、革新的な仕組みを作り上げるためには「多数の意見を聞く」ことは適しません。多数の意見はそれぞれの具体レベルに引きずられて、どうしても「いまの延長」の議論しかできなくするからです。逆に、「いまあるものを改善していく」場面では、なるべく多数の人から多数の意見を吸い上げることが必要になります。

このようなサイクルの繰り返しで世の中の変化は起こっていきますから、「ライフサイクル」と「具体と抽象」を意識することで、打つべき手が見えてきます。この構図を次ページの図に示します（さらにこれを発展させ、「上流から下流へ」という流れにおける抽象と具体のとらえ方を第10章で述べます）。

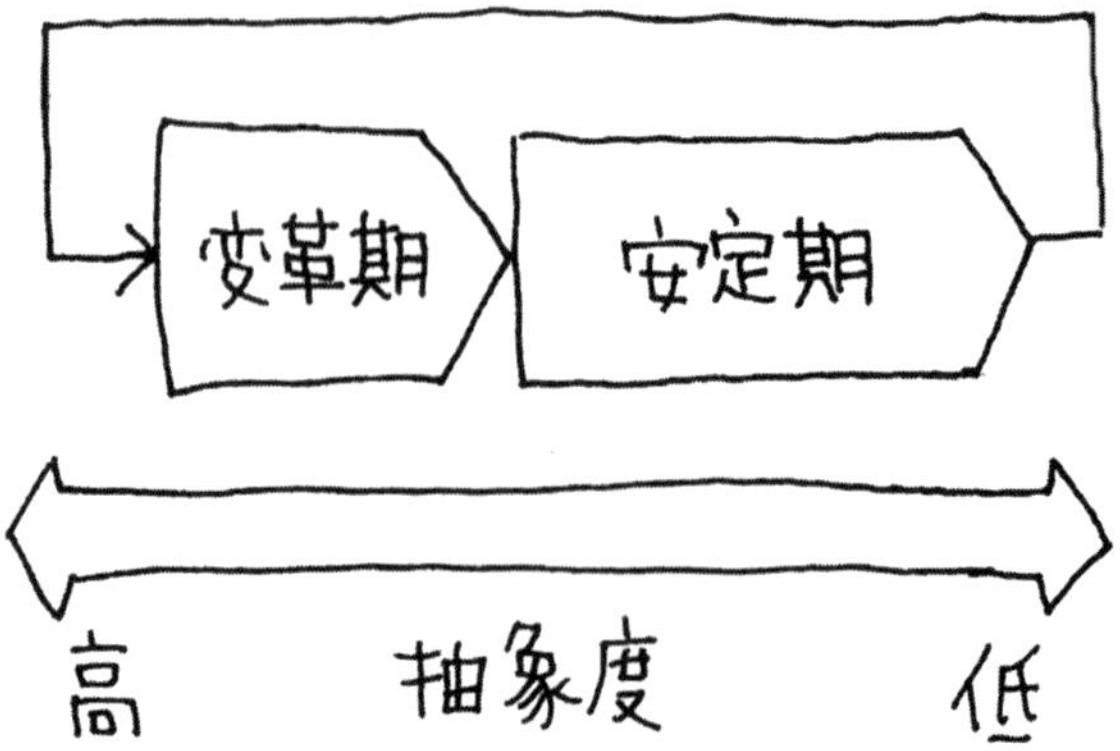

冒頭のような議論は、私たちの身の回りで日常茶飯事なはずです。こんなときには「具体と抽象」で切り分けて考えてみるといいでしょう。

一例をあげると、「話がコロコロ変わる」と思われている人がいたとします。これを「具体と抽象」という観点から考えてみましょう。じつは、その人の話がコロコロ変わっているのではなくて、話を聞いている側に問題がある場合が多いのです。

具体レベルでしか相手の言うことをとらえていないと、少しでも言うことが変わっただけで、「心変わり」ととらえてしまいます。

前日に「A社に行ってくれ」と言った上司が翌日になって、「やっぱりB社だ」と「急に」言い出したら、具体レベルでしか発言をとらえていない部下だと、「まったくうちの上司はコロコロ言うことが変わって困る……」という反応になります。

しかし実際は「心変わり」ではなく、その上司の方針が一貫していることによって起こっている可能性があります。「重要顧客のフォローが甘くなって満足度が下がっているので、その対策をしたい」とその上司が考え、つねに最善の対応を考えていたら、状況の変化によって対応策が変わるのは当然でしょう。

抽象度が上がれば上がるほど、本質的な課題に迫っていくので、そう簡単に変化はしないものです。「本質をとらえる」という言い方がありますが、これもいかに表面事象から抽象度の高いメッセージを導き出すかということを示しています。

第9章

自由度「原作」を読むか「映画」で見るか

抽象は、「解釈の自由度が高い」ことを意味します。

小説が映画化された場合、映画よりも先に小説を読んでいると、「イメージの違い」に驚くことがあります（いい方向の場合もあれば悪い方向の場合もあります）。

一般的に本（文字）の表現のほうが抽象度が高いので、人によってまったく異なる解釈（頭の中での具体化、イメージ化）をしている可能性がありますが、映画の場合にはその可能性は相対的に少なくなります。

たとえば主人公が、「清潔感をただよわせながらも、どこか野生の匂いがする三〇代後半の女性」といえば、読者ごとに勝手な想像ができる「自由度」がありますが、映画の中で特定の女優によって演じられてしまえば、イメージは良くも悪くも確定してしまいます。

本を読むときにも、具体レベルのみで読んでいる人は、書かれていることにはすべて「実在のモデル」がいる前提で解釈します。しかし書いている側は、体験を抽象化してから具体的なストーリーに落としている場合が少なくありません（ノンフィクションは除く）。したがって、抽象化してストーリーを作る（遠くにある別のものを組み合わせて内容を創造する）人の作品には、「実在のモデル」は存在しないことが多いのです（上図）。

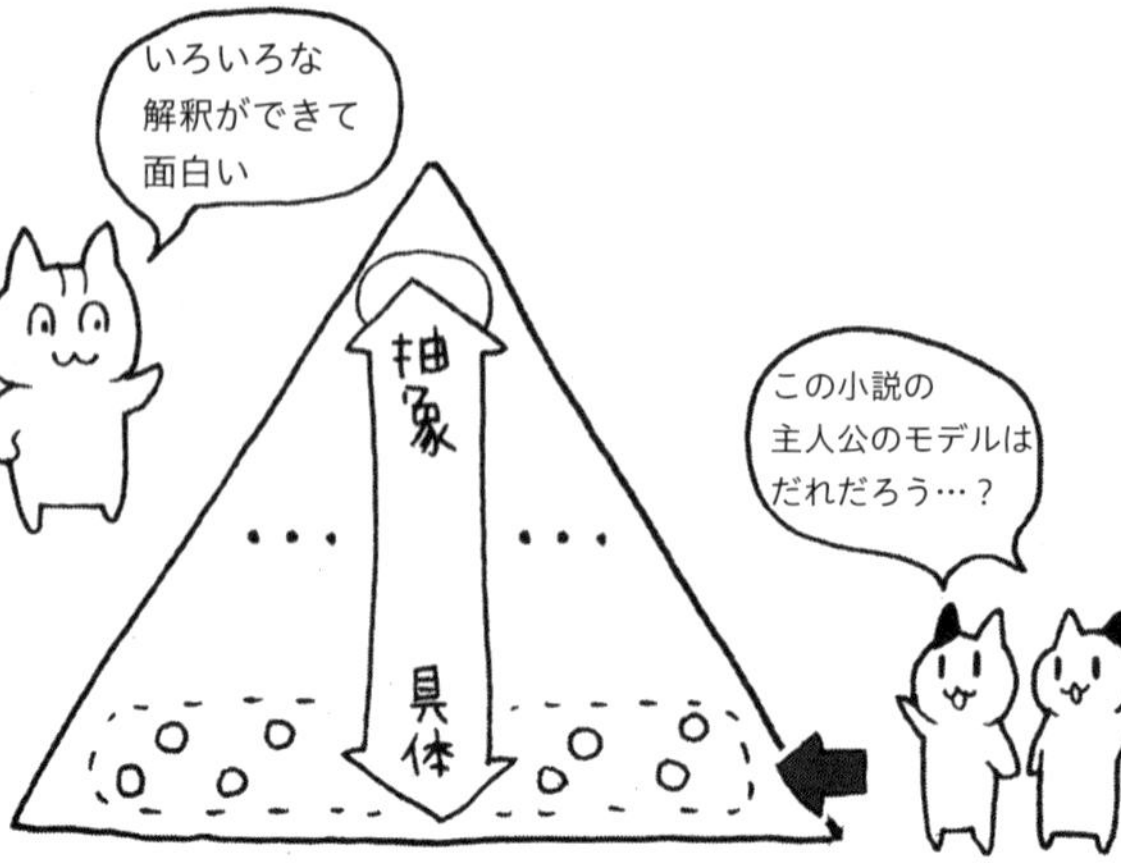

ところがストーリーを具体レベルでしか解釈できないと、どうしても「直接的なモデル」がいるのではないかと思ってしまいます。すべて直接的な経験がなくても、さまざまな世界での幅広い経験と、それらをつなぎ合わせる抽象化能力によって小説などのストーリーはできあがっています。逆にそうでなければ、小説家が「次から次へと」違うストーリーを生み出すことは不可能なはずです。

言い換えると、抽象概念は、「受け取る人によって好きなように解釈ができる」ということです。「グローバルな人材が必要だ」というメッセージを受けて、英会話学校の人は「だから英語を学ばなければならない」と思うでしょう。あるいは「国際化担当」の人であったなら、「だから海外との交流が必要だ」、伝統芸能に関わる人は「だからこそ日本のことをよく知らなければならない」と解釈します。

この「自由度の高さ」は、「具体派」の人から見れば、「だからよくわからなくて困る」という否定的な解釈になり、「抽象派」の人から見れば、「だから想像力をかきたてて、自分なりの味を出せる」と肯定的な解釈になります。

さまざまな先人の「名言」は、抽象度が高い表現ばかりです。「時は金なり」といえば、どんな人のどんな時間のことも対象として考えられますから、老若男女、ありとあらゆる職業の人がこの言葉を、いわば「勝手に自分の好きなように」解釈ができるわけです。一方で、「宝寿司に行ったら、壁に貼ってある店主の魚拓をほめると五百円負けてくれる」という「教え」は名言にはなり得ません。

いわゆる「学者肌」の人は「用語の定義」にこだわります。抽象的な言葉は受け手によって好きなように解釈されるだけに、そこを明確に定義しないままに話を進めると、最後になって「話が違った」ということになることが見えているからです。

ところがこの姿勢に「実務家」はいら立ちを覚えます。「定義なんかの議論を早く終わらせて、早く『具体的な行動』を始めよう」というわけです。「『グローバル化とは何か?』なんて理屈をこねくりまわしている間に海外に行って現地を見てこい!」となるわけです(そこで派遣された三人がまったく方向性の違うことを持ち帰ってきて、「やっぱり事前にもっと確認しておけばよかった」となるのはよくある話なのですが……)。

人に仕事を頼んだり頼まれたりするときにも、その人の好む「自由度の大きさ」を考慮する必要があります。

「こんな感じで適当にやっといて」と言われて、「いい加減な『丸投げ』だ」と不快に思う人は、具体レベルのみの世界に生きる「低い自由度を好む人」です。こういうタイプの人に、自由度の高い仕事の依頼をしたあとに、「たとえばこんな形で」と具体的なイメージの例を伝えてしまうと、それを「たとえば」にならず、文字どおり「そのまま」やってしまいます。「たとえば」によって抽象度を下げて上位の概念を伝えようとしている意図が、まったく伝わらないからです。

逆に、自由度の高い依頼をチャンスととらえ、「好きなようにやっていいんですね？」とやる気になる人が、「具体↕抽象」の往復の世界に生きる「高い自由度を好む人」です。

「抽象度」や「自由度」という視点で仕事を考えられる人なのかどうか、それを頼む側と頼まれる側の双方で十分認識して仕事の依頼をしているかどうかで仕事の成否が決まるといえます。

第10章 価値観「上流」と「下流」は世界が違う

会社のオフィスワークであれ、工場の作業であれ、およそ仕事というものは「抽象から具体」への変換作業であるといえます。いわゆる仕事の上流、つまり内容が確定していない「やわらかい」企画段階から概要レベルの計画ができて、詳細レベルの計画になり、それがさらに詳細の実行計画へと流れていきます。これは、商品を販売するのでも、建物を建てるのでも、イベントを実施するのでも、多くの仕事に当てはまる流れです。

注意すべきは、上流の仕事（抽象レベル）から下流の仕事（具体レベル）へ移行していくにともない、仕事をスムーズに進めるために必要な観点が変わっていくということです。

最上流と最下流ではほぼ「違う仕事」といってもいいほど、必要な価値観やスキルセットが変わってきますが、徐々に移行していくこともあって、明確にこのことが意識されることはあまりありません。そして、最上流と最下流では、ほぼ正反対の価値観といってもいいくらいまでの違いがあります。

それら価値観の違いを一覧として表に示します（次ページ表）。

上流	下流
・抽象度高い	・具体性高い
・全体把握が必須	・部分への分割可能
・個人の勝負	・組織の勝負
・少人数で対応	・多人数で対応
・創造性重視	・効率性重視
・多数決は効果なし	・多数決が効果あり

上流の仕事は、コンセプトを決めたり、全体の構成を決めたりする抽象度の高い内容なので、分割して進めるのは不可能です。これが下流に進むにつれて具体化され、（ピラミッドを下っていくイメージで）作業が飛躍的に増えていくとともに、作業分担も可能になっていきます。同時に、求められるスキルも変わってきて、「全体を見る」よりは個別の専門分野に特化して深い知識を活用する能力が求められていきます。

建築物の全体構想から個別（フロア別、部屋別）の設計、施工の流れを想定すれば、イメージが明らかになるでしょう。

上流の仕事は個人（さらにいえば、最上流は一人）の作業から始まって、次第に参加者が増えていきます。上流で重要なのは個人の創造性で、下流で必要なのは、多数の人数が組織的に動くための効率性や秩序であり、そのための組織のマネジメントやチームワークといったものの重要性が相対的に上がっていきます。

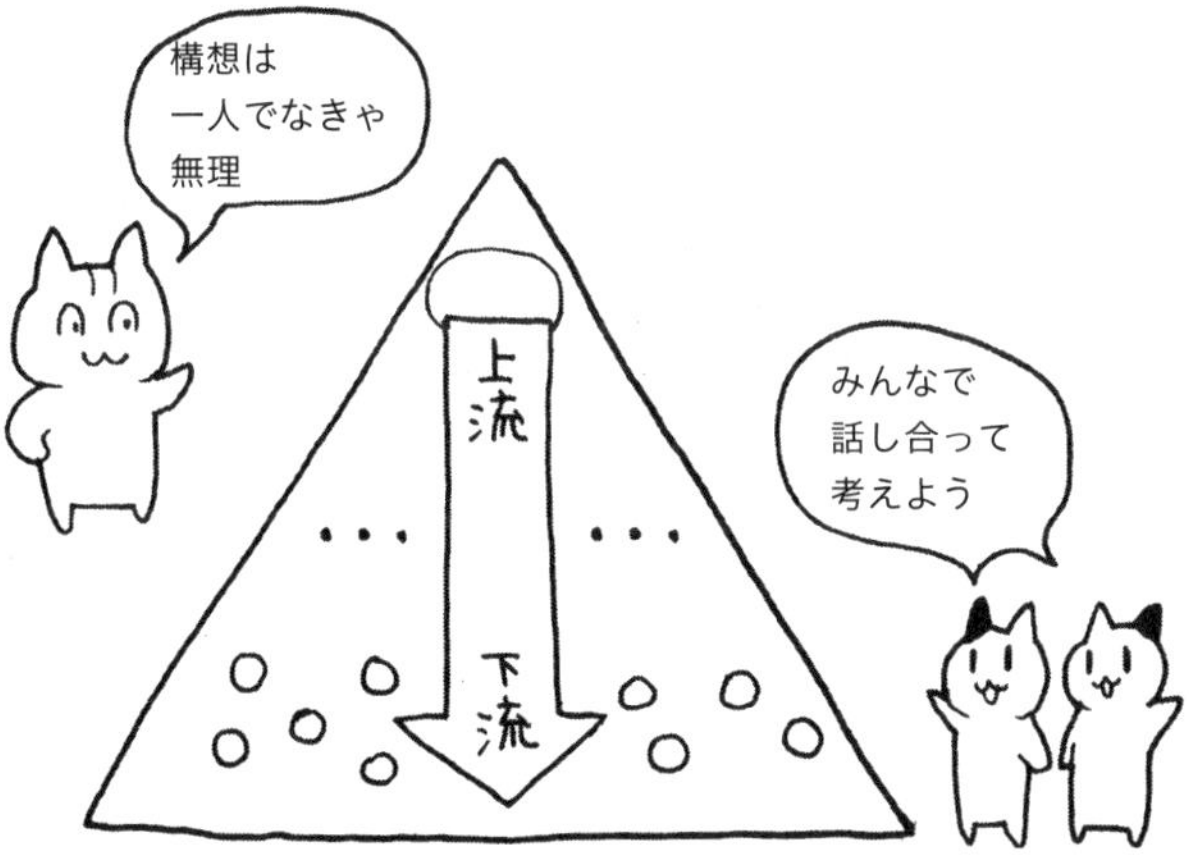
みんなで
話し合って
考えよう
上流
下流
構想は
一人でなきゃ
無理

上流では個性が重要視され、「いかにとがらせるか？」が重要なため、多数決による意思決定はなじみません。意思決定は、多数の人間が関《かか》われば関わるほど「無難」になっていくからです。

逆に下流の仕事は、大勢の人にわかりやすいように体系化・標準化され、また、どんな人が担当してもスムーズにいくように、各分野の専門家を含む多数の人が目を通す（管理する）必要が生じてくるのです（上図）。

そう考えてくると、抽象度の高い上流の仕事に「コラボレーション」はなじまないことがわかります。逆に、オープンソーシングやクラウドソーシングのような、「衆知を集める」のは、とくに上流の方針が決まった上での下流の具体的なアイデアを多数出すときには有効な手段になります。

前章で解説した「自由度の違い」も上流→下流というフェーズの違いと密接に関連しています。上流の仕事というのがまさに「自由度の高い」仕事で、下流の仕事が「自由度の低い」仕事です。

これらのどちらを快適に感じるかで、その人が上流の仕事に適した人か、下流の仕事に適しているかが判断できます。どちらが良い悪いではなくて、求められている仕事の特性がどちらかによって適材適所の活用が求められますが、このミスマッチを認識していないことによって、実際の現場では不幸な事象が頻発しています。

このような「仕事の質の違い」は、日々のオフィス環境や上司・部下の関係での仕事の進め方にも影響するはずです。しかし実際は、組織の職場環境はおおむね「下流」の考え方に最適化されています。それは前述のとおり「仕事の量も人数も多く、万人にわかりやすいもの」が求められるからです。

上司が部下に仕事を教える際にも、抽象度のレベルの認識が必要です。抽象度の高い仕事は「赤ペン添削」で直すことはできません。「赤ペン」で直せるのは、個別の具体性が高いものだけだからです。議事録の個別の表現や言葉遣いなどには「赤ペン添削」がなじんでも、構想の企画書は基本的に「添削」すべきものではありません。出来映えが悪ければ、「全体に×をつけて別の紙に書き直す」しかないからです。これが抽象度の高い仕事のやり方です。

価値観の違いに関しては、「質の上流 vs 量の下流」という視点もあります。

下流の仕事は多くの人が関わったほうがレベルが上がり、速く安くなりますが、上流の仕事の質は、むしろ関わった人の量に反比例します。人が関われば関わるほど品質は下がり、凡庸《ぼんよう》になっていくのが上流の仕事といえます。

そのため、「下流の仕事のやり方」に慣れている人は、多人数で議論を繰り返して多数決による意思決定をすることが仕事の品質を上げるという価値観で仕事をしますが、これは上流側の抽象度の高い仕事には適していません。上流側の仕事では、口を出す人の数が増えれば増えるほど、焦点がぼけて角の丸くなった凡庸なものになっていくからです。

先に「建築家」というたとえを出しましたが、まさに家の建築などで、建築家と施主の間で起きる対立構図もこのような発想の違いからきています。たとえば、実際の現場を見たあとで、施主が建築家に変更を要求する場面でこのようなことが起こります。どう考えてもバランスが悪いと思われる場所にドアをつけたいという要求があったり、といったことです。

一般に「上流発想」の建築家は「全体の統一感」や「つながり」を重視しますが、実際に住む人間からすれば、「個別の使い勝手」や「部分的な見た目」のほうが重要です。「一階と二階のつくりにまったく統一感がない」ことは、個々の部屋で活動する住人にとってはどうでもよいことですが、全体を設計している人間にとってみれば大問題なのです。

これは家づくりに限らず、会社での企画書や学校のレポートでも似たような状況があるかもしれません。個別の関係者からの特定ページに関する部分修正の要求は、全体を見ている人間にとっては受け入れがたいものもあるでしょう。「赤ペン添削の限界」もここにあるといえます。

その仕事がどのようなフェーズ（抽象度）でどのような価値観が求められるのか。場面ごとに判断することなく自分が普段生きている世界の価値観で判断しようとするのは危険な行為です。

第11章

量と質「分厚い資料」か「一枚の図」か

「一を聞いて十を知る」（第４章）
「上流から下流へは質から量への転換」（第10章）

このような点からもわかるように、基本的に具体の世界は「量」重視であるのに対して、抽象の世界は「質」重視であるとともに、「量が少なければ少ないほど、あるいはシンプルであればあるほどよい」という世界です。

抽象化の帰結として、抽象度が上がるほど異なる事象が統一されて「同じ」になる一方で、抽象度が下がって具体化するほど数が増えることになります。

「よい法則」の一つの絶対的な条件は、「適用できる範囲が広い」ということです。つまり「一を聞いて十を知る」ことができる法則よりは「一を聞いて百を知る」ことができる法則のほうが、よりよい法則ということになります。

まさに本書の「ピラミッド」の形状が示すとおり、抽象の世界は極めれば極めるほど結論はシンプルになっていきます。

「人間は考える葦《あし》である」の言葉を残した数学者であり哲学者であったパスカ

ルは、友人に出した手紙の最後に、「今日は時間がなかったために、このように長い手紙になってしまったことをお許しください」と書きました。これは「具体の世界のみ」に生きる人には理解できない言葉ではないでしょうか。どこまで「単純化」することができるか、これが抽象の世界のすべてです。

端的に表現すれば、「複雑で分厚い本」に価値があるのが具体の世界、「シンプルに研ぎすまされた一枚の図」に価値があるのが抽象の世界といえます（上図）。

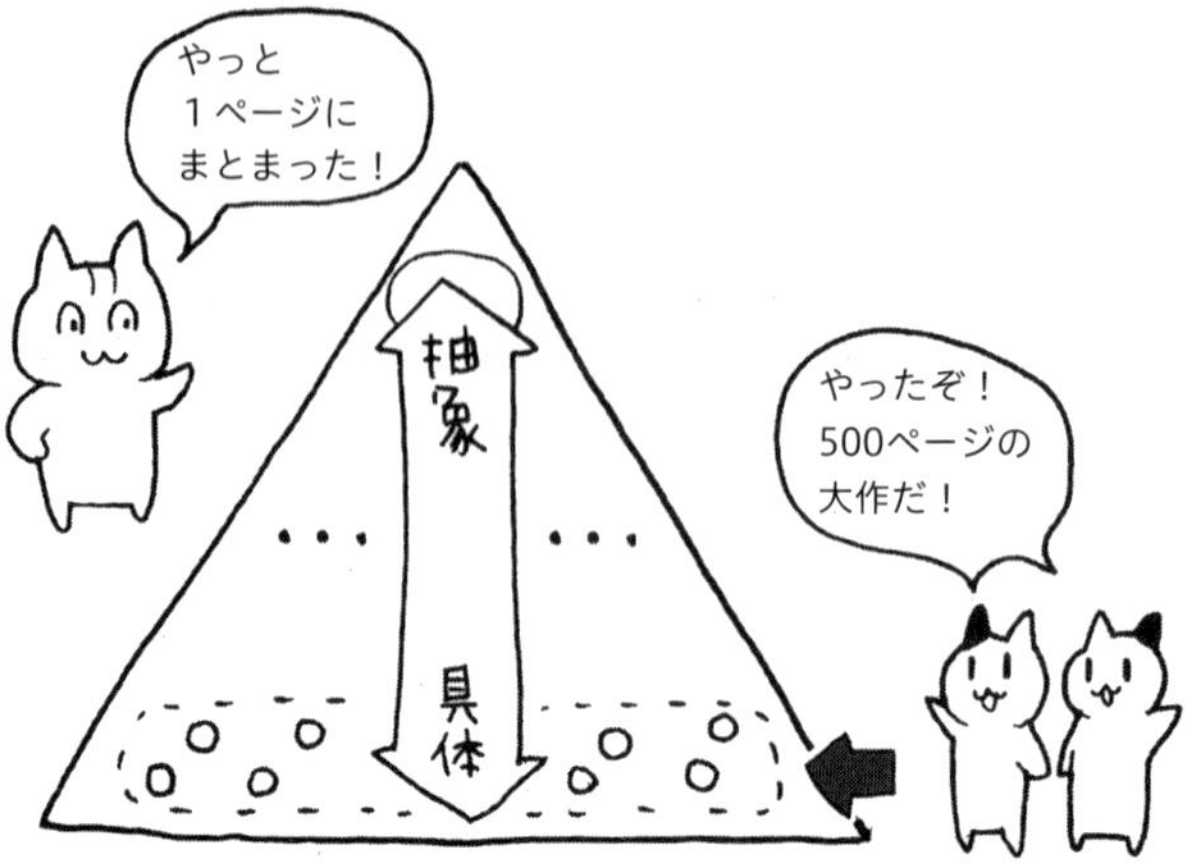

よく数学者が数式を見て「美しい」という表現をすることがありますが、この場合に用いられる評価基準の一つが「シンプルである」ことです。

「最も美しい公式」の一つとして知られる「オイラーの等式」というものがあります。それは次のようなものです。

$e^{i\pi}+1=0$

この公式は、かの有名な円周率 π（＝3.141592 …）と、「自然対数の底」であるネイピア数 e（＝2.718281…）と、虚数単位の i（－1の平方根）という、一見まったく関係のなさそうな数三つがものの見事にシンプルに統合されており、「感動的なまでの美しさ」を表現した式ということもできます。

ここからわかるように、抽象の世界での「単純化」は、短絡的思考とはまったく対極のもので、対象が複雑であればあるほどよく、それをいかにシンプルにするか、まさに「具体と抽象とのギャップの大きさ」を追求することです。一方の「短絡的な思考」は、具体の世界だけで一つのサンプルを見て、「○○人は××だ」というような結論を簡単に出してしまうようなことを指します。

複雑な事象を徹底的にシンプルに表現することが「美」であるという点が、具体の世界でいう、たとえば「自然が織りなす複雑な景色の美しさ」とは決定的に異なるポイントでしょう。

第12章

二者択一と二項対立

そういうことを言ってるんじゃない？

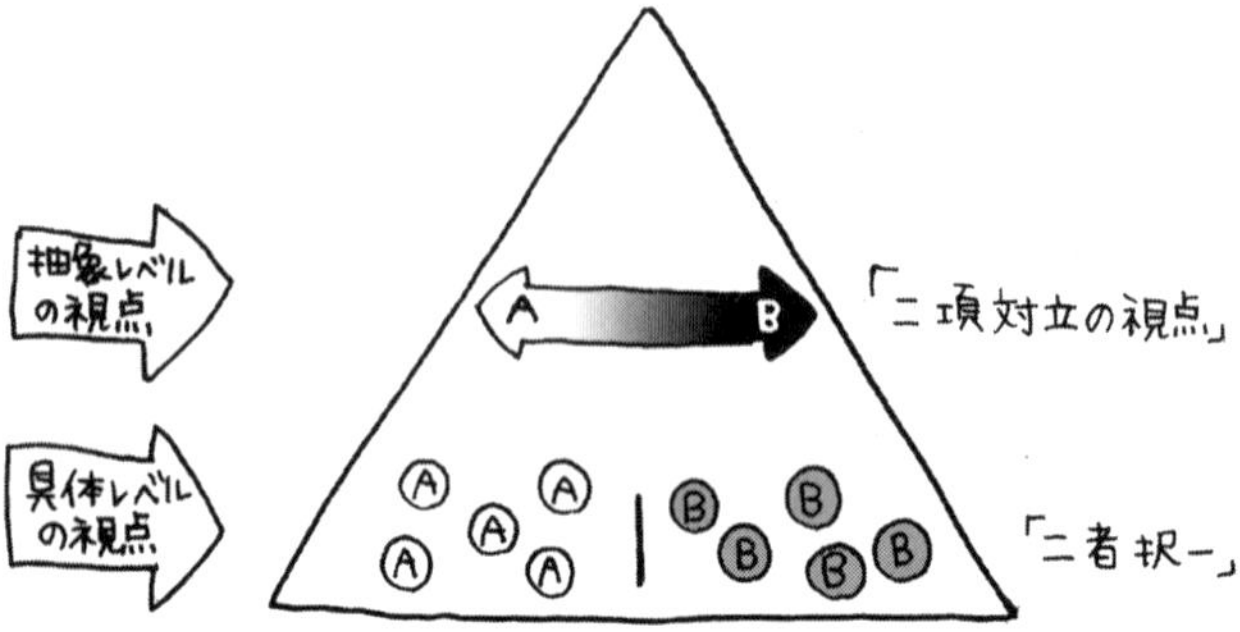

「賛成か反対か」「AをとるかBをとるか」……このように、二つのうちの一つをとることを「二者択一」といいます。クイズ番組や試験での「○×問題」が典型的な「二択」の問題といえます。

これと似たような言葉に「二項対立」があります。「必然か偶然か」「一般か特殊か」「単純か複雑か」「革新か保守か」、あるいは本書のテーマの「具体か抽象か」というように、相対する二つの概念を比較して考える手法です。

こうした対立構図を見たときに、大きく二通りの反応があります。これを抽象レベルでとらえるのか具体レベルでとらえるのかという比較で、その理解と反応をうまく説明できます（上図）。

抽象レベルで二項対立をとらえている人は、そこに「考える視点」が出てきます。たとえば何人もの人の意見がどこに位置づけられるのか、いわば地図でいえば「西と東」あるいは「南と北」という視点で全体を見渡そうとします。「ものごとを考えるための方向性や視点」ともいえます。

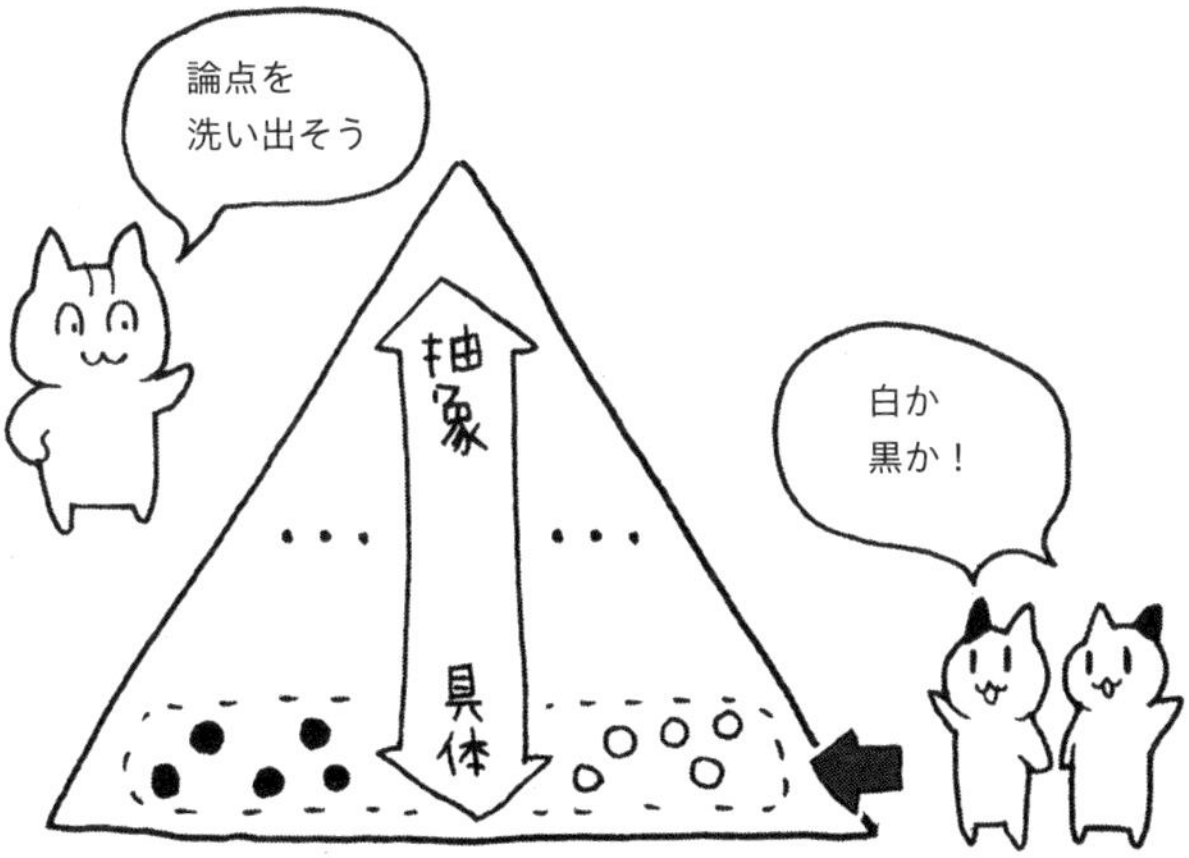

これに対して具体レベルでのみ見ていると、二項対立も「二者択一」に見えてしまいます。その結果、「世の中そんなに簡単に二つに分けられない」となるのですが、抽象レベルでとらえている人はそういうことを言いたいのではなく、「考え方」を言っているのですが、それがなかなか通じません。

ネット上の主張でも「○○は××だ」と「言い切る」のは、そこで「抽象レベルの方向性」を示しているだけで、「(具体レベルの)すべてがそうだ」と言っているわけではありません。ところが具体レベルのみでとらえる人は、それに対する例外事項をあげはじめて「反論」します。これは、まったくレベルがかみ合っていない議論といえます（上図）。

別の表現をすると、二者択一の考え方を「白か黒か」の「デジタル的な考え方」とすれば、ここでいう「西か東か」という二項対立の考え方は「アナログ的な考え方」ということもできます。「西と東」のように両極を定義することで、一つのものの見方の「座標軸」を提示し、さまざまな見方をその座標軸のどこかの地点で表現できるからです。

第13章 ベクトル
哲学、理念、コンセプトの役割とは

「哲学を持っている人」
「理念のある会社」
「コンセプトのはっきりした商品」
……

これらに共通していることは何でしょうか？

それは、個々の事象に「統一感や方向性」があるということでしょう。つまり、哲学、理念、あるいはコンセプトといった抽象概念がもたらす効果は、個別に見ているとバラバラになりがちな具体レベルの事象に「統一感や方向性」を与えることであり、いわばベクトルの役割を果たしているのです。

具体的な行動とは関係なさそうな「哲学」を持っている人、そして組織にはどんな利点があるのでしょうか？

最も大きいのは、無駄がなくなるということです。哲学や理念を持たずにすべてにおいて個別に判断して行動していると、場当たり的になって、昨日の行為と明日の行為とで整合性が取れなくなり、場合によっては後戻り作業や二重作業が大量に発生してしまうことになります（上図）。

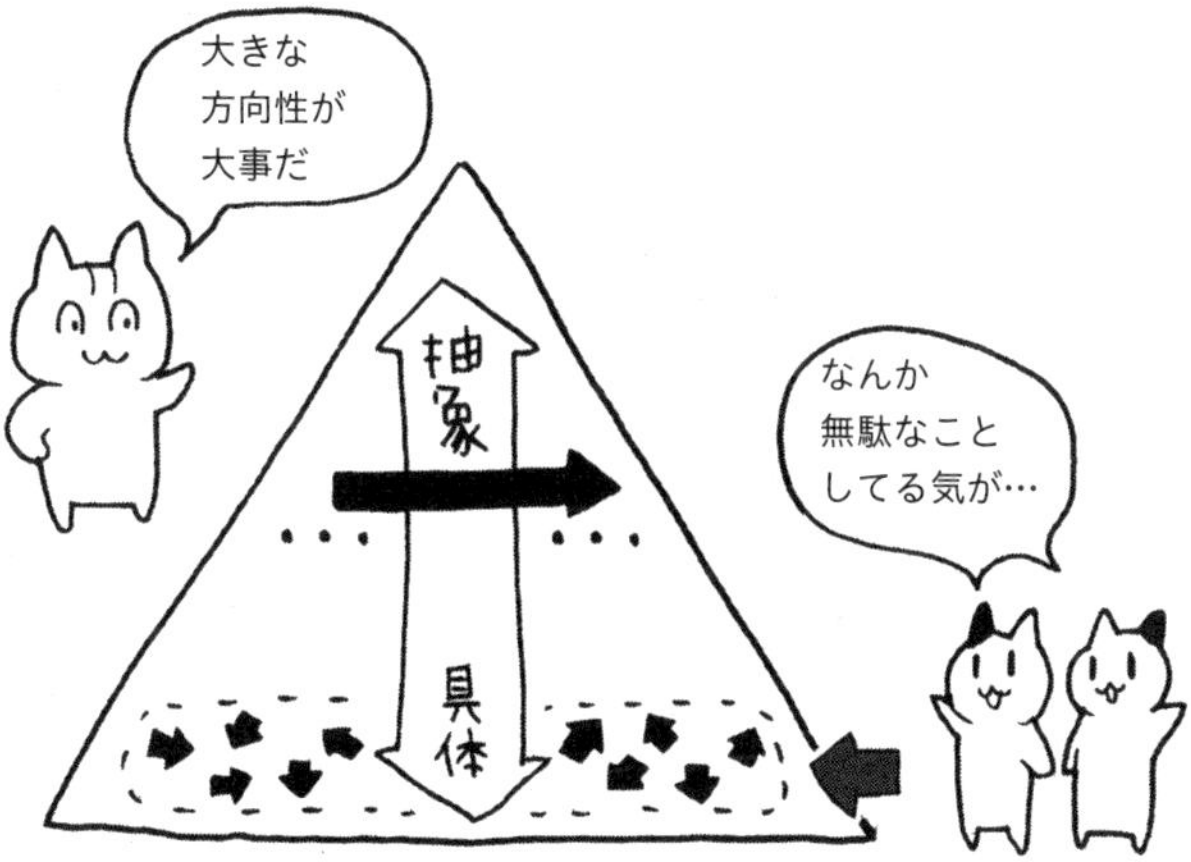

また、すべてを個別対応にすると、組織であれば一つ一つの意思決定にそれなりの責任者が対応して判断せざるを得なくなります。しかし哲学のレベルで方向性が共有されていれば、個別に見える案件もすべてその大きな方向性に合致しているかどうかで判断でき、効率的です。

大きな方向性や将来のビジョンを決定する上でも、必要なのは「抽象化能力」です。「要するに自分たちはどうしたいのか?」を考えることが、大きな方向性を決定するには不可欠だからです。

個別の行動の判断に困ったときの拠り所となるのも、「最終的に何を実現したいか?」という長期的な上位目的です。「枝葉を切り捨てて幹を見る」という、抽象化の考え方がここで生きてきます。

具体の世界だけで生きていると、一つ一つの事象に振り回されます。「あの人がこう言ったから」とか、「お客様からこんなクレームがあった」とか、個別事象に一つ一つ対応するしかなく、それではきりがありません。「哲学」があれば、それらの事象をすべて抽象度の高い判断基準に合わせて処理するので、（抽象度の高い）「ぶれ」が少なくなります。

別の表現をすると、やること（to do）は具体的で目に見えやすいので考えるのが比較的容易ですが、あるべき姿（to be）は、将来のある時点での状態を表すので、これを考えるには「想像と創造」のための抽象化能力が必要になります。山登りでいえば、to be は「山頂に登ってポーズを取っている写真」であり、to do は、道具を整えて、どういうスケジュールでだれと一緒にどの道を登っていくか、という具体的なアクションを表します。

大きな目標があってはじめて個別のアクションが有機的につながり、「個別の無機質な行動」が意義とつながりをもった生きた行動になっていきます。

おもち町新聞の理念
それは「町の魅力の再発見」だ
広くて浅い情報ならネット上にいくらでもある…
だからこそ町内新聞はだれも調べないようなディープな情報で町の新たな魅力を伝えたいんだ
まだメディアにのってないケーキ屋さんのこと書くわ
もったいないけど
じゃあ俺たちは町の都市伝説の取材にいこーぜ
僕…町の若者にインタビューしてきます!
えーおもち町ってこんなスポットがあったんだ
知らなかったねおもしろーい
イエーイ!

第14章

アナロジー「パクリ」と「アイデア」の違い

抽象化の目的は「一を聞いて十を知る」ことでしたが、その具体的な応用としての発想法がアナロジーです。

アナロジーとは類推のことで、異なる世界と世界のあいだに類似点を見つけて理解したり、新しいアイデアを発想したりするための思考法です。先述の「たとえ話」もアナロジーの応用の一つで、新しい世界を理解するために、すでによく知っている身近な世界の知識を応用することです（上図）。

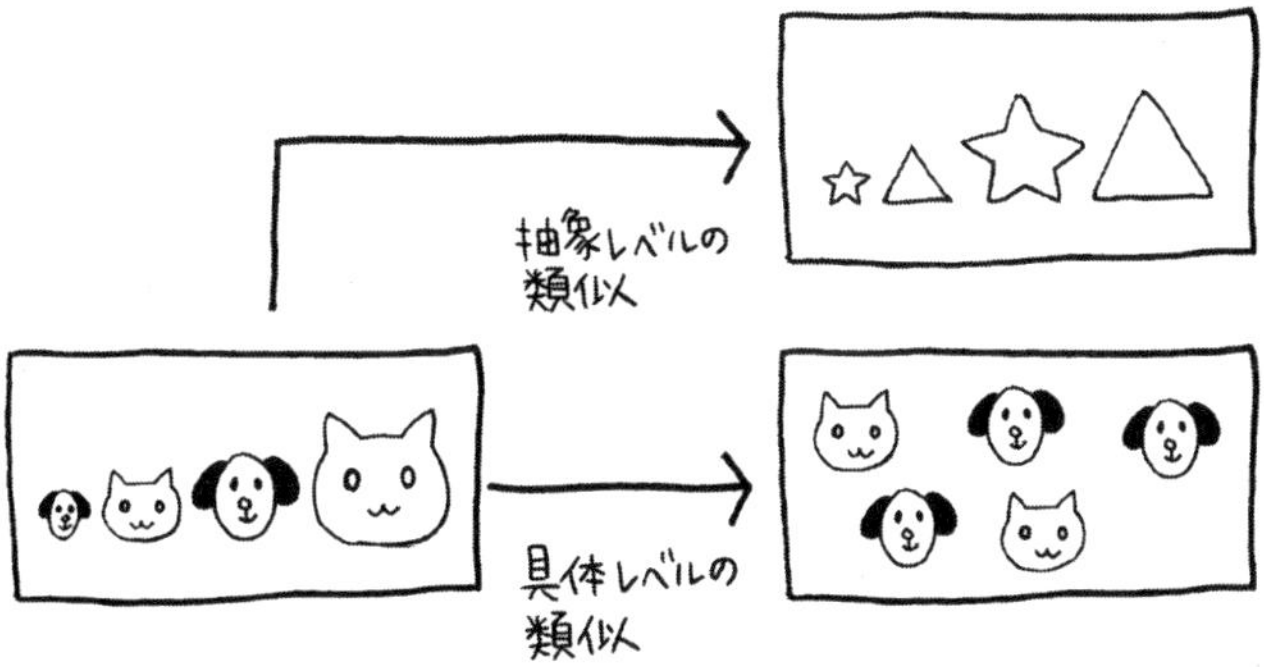

たとえ話は主に「理解を広げる」ためのアナロジーの応用ですが、アナロジーは創造的に新しいアイデアを生み出すためにも用いることができます。

斬新に見えるアイデアも、ほとんどは既存のアイデアの組み合わせであるとよく言われますが、アナロジーとはいわば「遠くからアイデアを借りてくる」ための手法といえます。

先進企業や競合他社のアイデアをまねする行為は、具体レベルで見た目のデザインや機能をまねすることであり、これは単なる「パクリ」となります。見た目が似ているものを「盗む」と、だれにでも気づかれ、かつ斬新なアイデアとはなりません。また場合によっては特許侵害となり、法律上も問題になります。

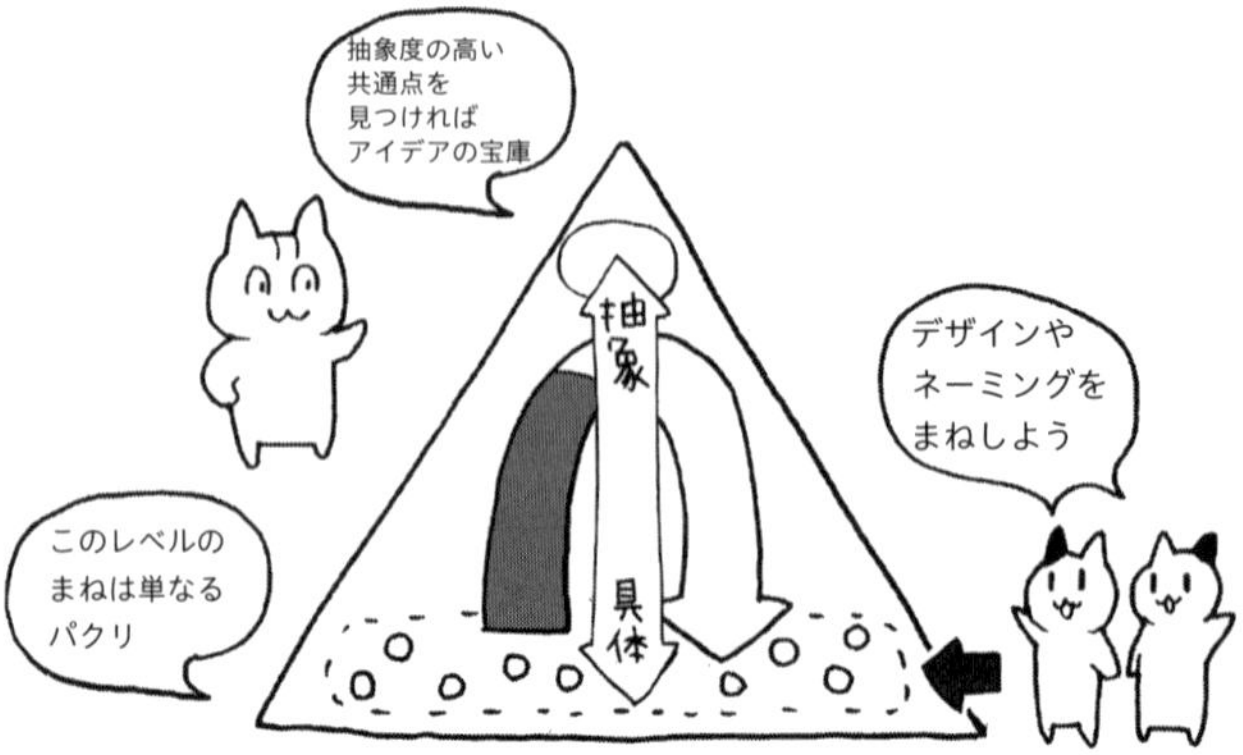

アナロジーとは、「抽象レベルのまね」です。具体レベルのまねは単なるパクリでも、抽象レベルでまねすれば「斬新なアイデア」となります。ここで重要になるのが、第5章で述べた「関係性」や「構造」の共通性に着目することです。

科学や技術的な発見、あるいはビジネスのアイデアなども多くは抽象レベルでのまね（アナロジー）から生まれています。たとえば活版印刷機はブドウ圧搾機から、回転寿司はビールのベルトコンベアから、あるいは生物からヒントを得た工業製品も数多くあります。

特許で守れるのは、抽象度が低い、直接的に類似性のあるもののみです。逆に抽象度が高いもの（関係性や構造）であれば、合法的に「盗み放題」です。大抵の人はそれが「盗み」であることにすら気づきません（前ページ図）。

身の回りの「一見遠い世界のもの」をいかに抽象レベルで結びつけられるかが、創造的な発想力の根本といえます。

第15章

階層
かいつまんで話せるのはなぜか

町長！聞いてくださいよ！大変だったんです
近くのトンネルを抜けたらなぜか銭湯で…
1時間後
そしたら急に双子の片割れのおばあさんが…
ホッホッホ
ちょっとお前たち落ちつけ
話の要点は一体…
もーちゃんと聞いてなかったんですか？
だから近くのトンネルを抜けたらなぜか銭湯で…
しまった…！最初からやり直し…！

事象を具体レベルのみで見ているか、具体と抽象を結びつけて考えているかは、たとえば五〇〇ページの本を「短時間でかいつまんで説明」してもらうとよくわかります。

具体レベルのみで考えている人は、五〇〇ページの本を三分で説明してほしいと言うと、「時間がないので最初の三章だけ」か「各章のはじめの部分だけを抜き出す」という選択肢しかありません。同様に「一〇〇枚の付箋《ふせん》のアイデア抽出」を行って、その結果を「三分でまとめて話せ」と言われるとパニックになります。理由は先の「五〇〇ページの本」の場合と同様です。

抽象化して話せる人は、「要するに何なのか?」をまとめて話すことができます。膨大な情報を目にしても、つねにそれらの個別事象の間から「構造」を抽出し、なんらかの「メッセージ」を読み取ろうとすることを考えるからです。

しかもそういった「構造」や「メッセージ」を複数の階層からなる抽象のレベルで理解しているので、一分なら一分なりの「要するに」を、三〇分なら三〇分なりの「要するに」を話すことができます。

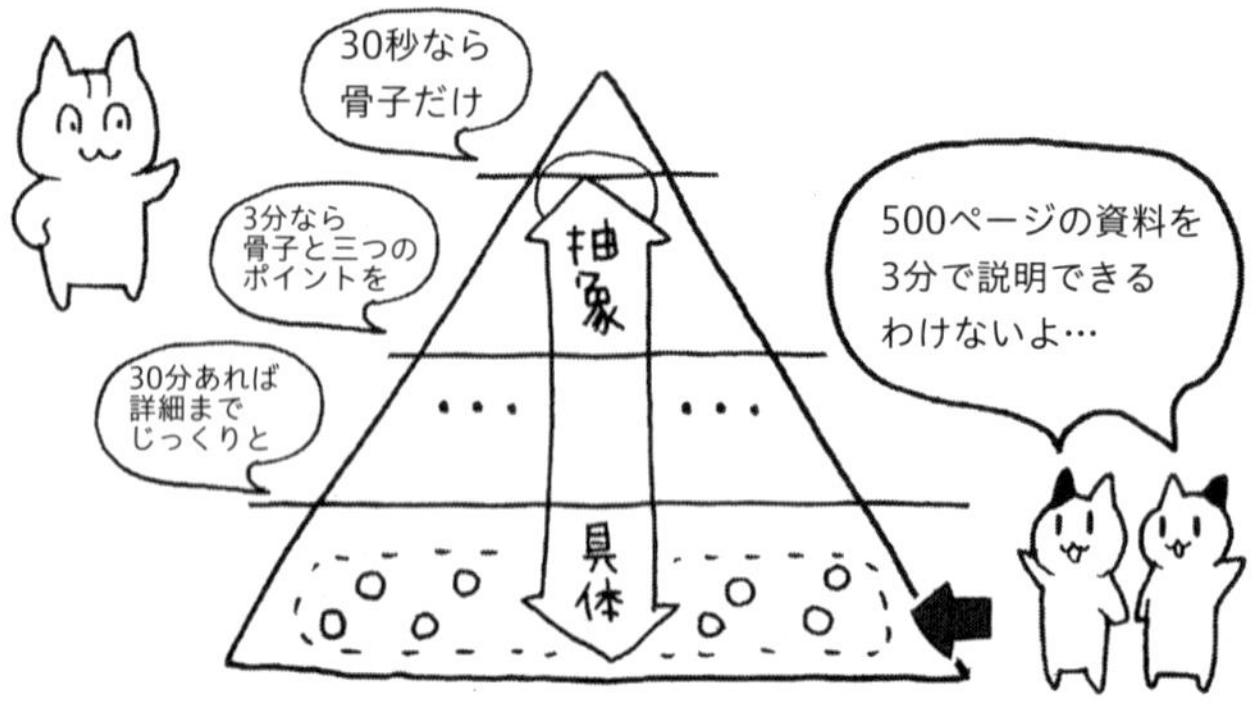

一時間で三〇ページのプレゼンテーションを「一ページずつ入念に」準備している人は、いきなり「時間がないから三分で説明して」と言われたら、瞬時に「無理です」と言うか、パニックになるか、「はじめの二ページだけ説明します」となるのか、いずれかでしょう。

重要なことは、膨大な情報を目の前にしたとき、その内容をさまざまな抽象レベルで理解しておくことなのです（上図）。

抽象化の能力は、インターネット上にあふれる膨大な情報から自分の目的に合致した情報を短時間で収集したり分析したりする場面でとくに力を発揮します。

具体レベルでしか考えていない人は、「かいつまんで話せ」と言われると、「世の中はそんなに単純ではない」という捨てゼリフとともに「ゲームオーバー」になってしまいます。このタイプは、「要するに何なのか?」とか、「かいつまんで話せ」と言われることが不快でなりません。一つ一つ目に見える事象はそれぞれみな重要であって、「切り捨てる」などということは「不謹慎」以外の何物でもないからです。

一方、抽象化して考える人はどうなのでしょうか。世の中の複雑性を認識していないのでしょうか。

じつはそうではなく、第2章で見たように、場面場面での目的に応じて、

「幹」と「枝葉」を見分けることで、要点をつかんで効率的に情報処理をしているだけなのです。そして、必要に応じて必要な領域についてだけ、徹底的に具体レベルにまで下りていくことができるのです。複雑に絡み合って混沌《こんとん》として見える事象を、「薄目で見る」ことで抽象化し、まずは大雑把《おおざっぱ》に全体像を理解した上で、どこを詳細に考える必要があるかを判断するのです。

第16章
バイアス
「本末転倒」が起こるメカニズム

本書でたびたび「抽象化の産物」の代名詞として登場してきた「言葉」ですが、よくも悪くも人間の思考に大きな影響を与えています。

「単語レベル」では、さまざまなものに名前がつけられたり概念化されたりしています。これは抽象化の典型的な応用例といえます。

「単語の集合の関係性」を抽象化してルール化したものが、「語法」や「文法」です。「文法」の使われ方を観察してみると、抽象化のメリットやデメリットが非常によく理解できます。

まず、文法とは何か、改めて考えてみましょう。文法は、人々が話している言葉の共通ルールを明示的に言語化して、まとめたものです。つまりもともとは「具体↓抽象」という典型的抽象化の産物です。

ところが面白いのは、いざ文法ができあがってしまうと、今度は文法という抽象レベルのルールが一人歩きを始めます。文法に合っていない表現が人々の間に現れると、それは「間違った使い方」になってしまうのです。

ここで起こっていることは、文法という抽象度の高いルールで、実際の会話という具体を縛るという現象です。

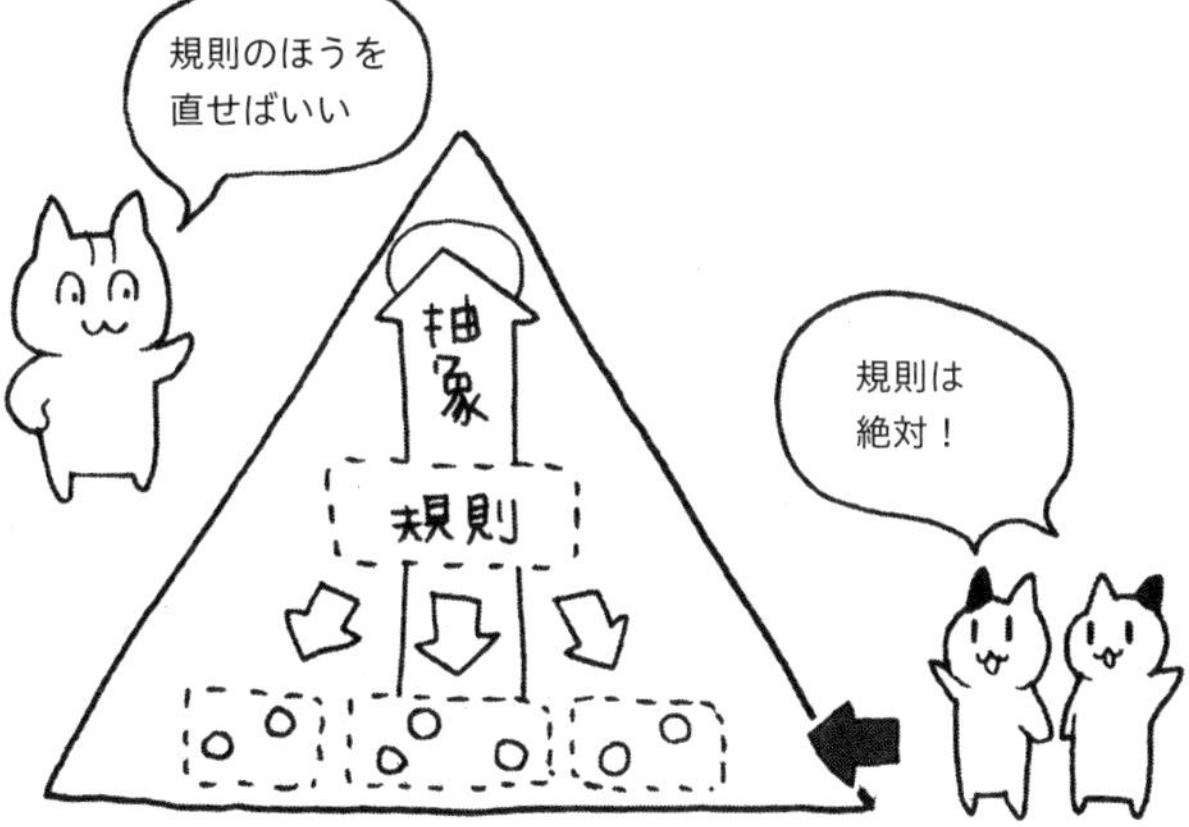

文法を重んじる人は、たとえば「ら抜き言葉」に不快感を示し、「日本語が乱れている」と嘆きます。しかし考えてみれば、言語は宗教の教本のように、「はじめにルールが決められていたもの」ではなかったはずです。それが「抽象レベルの法則の一人歩き」によって、このような事態が発生します（上図）。

抽象化された知識や法則は、一見「高尚に見える」だけに取り扱いに注意が必要です。

ルールや理論、法則は、大抵の場合は具体的に起こっている事象の「後追い」の知識だったはずです。ところが、一度固定化された抽象度の高い知識（ルールや法則等）は固定観念となって人間の前に立ちはだかり、むしろそれに合わない現実のほうが間違いで、後付けだったはずの理論やルールに現実を合わせようとするのは完全な本末転倒といえます（上図）。

ここでも「抽象と具体の往復」の重要性が確認できました。

「抽象の一人歩き」は他にもあります。人間はどんなものにも「パターン」や「関係性」を見つけようとする習性があるので、意味のないランダムなものにも「パターン」や「関係性」を見つけようとするバイアスがかかってしまうことがあります。

自然の岩や木など（あるいは「星座」もそうですが）に何らかのパターンを見つけて、「○○岩」と「命名」したりするのは「ご愛嬌《あいきょう》」といえます。ほかにもたとえば、よくいう「虫の知らせ」も、ある特定の事象に対しての「アンテナ」が立ってしまうと、振り返って無意識のうちに本来関係があるはずのない二つの事象にまで「関係性」を見いだしてしまうというもので、「抽象化バイアス」というフィルターがかかってしまっている状態といえるでしょう。占いや予言が実際以上に当たったように思えるのも、同じような原因があると考えられます。

逆のパターンもあります。「数字が一人歩きする」といわれる状況がそれです。これは、抽象と具体の関係性のリンクが切れたのちに、具体のほうが一人歩きを始め、抽象とのあいだにギャップが生じるというものです。

「数値目標」という具体的な情報は、必ずそこに「目的」や「意図」という、より抽象度の高い背景情報がセットになって生まれているはずです。たとえば、「（A社との競合に勝つためには）〇〇円ぐらいの価格が妥当だろう」とか、「（英米人との日常会話に困らないためには）〇千語の語彙《ごい》が必要だろう」といったことです。

ところが「具体しか見えていない人」にこのような「セットの情報」を渡したつもりでも、相手は目に見えやすい具体レベルとしての数字の情報しか受け取ってくれないことが往々にしてあります。こうして「抽象とのリンク」が切れ、具体レベルの数字のみが「一人歩き」することになるのです。

その結果、どんなことが起こるでしょうか。何がなんでも価格目標を守るために必要な機能まで外して競合に負けてしまう、あるいは、語彙の数に冠詞を含めるのか、数値目標にその読み方も含めてよいかなどの議論に時間を費やすといった、「本末転倒」の状況になるのです。

じつは、これを確信犯的に用いる方法もあるのですが、それは次章で解説します。

第17章

理想と現実
実行に必要なのは何か

俺は一生を通して町づくりを続けたい…
みんなの目標は？
町のすべての店のみそラーメンを制覇《せいは》する
イベントで10回以上ねこりんちゃんと握手する
い…一生のことだからもう少し大きな目標にしたほうがいいんじゃないか…？
そーっすねー
しょうゆラーメンも制覇する！
これぞ男の夢!!
イベントでねこりんちゃんとツーショット写真を撮る！
フーッ
もう…いいや

大学生に「あなたの目標は何ですか？」と聞いたら、次のような答えが返ってきたとします。

①世界中の人々を幸せにしたい。
②日本の子供に勉強の喜びを教えたい。
③理科の学習用のスマホアプリを作りたい。
④プログラミングの教室に毎週火曜日、半年間通って資格を取りたい。
……

これらを、「志が高い」と思える順番に並べるとどんな順番になるでしょうか？

では、同じく「実行可能性が高い」と思える順番はどうでしょうか？

当然前者は①②③④の順番で、後者についてはむしろまったく逆の④③②①という順番になるのではないかと思います。

こうした順番は、「具体性」（逆にいえば抽象性）の違いによるといえます。

抽象度の高い目標ほど一般性が高いため範囲が広く、「志が高い」ように思える一方で、具体性が高いほうがよくも悪くも「現実的」になるということです。

最も理想的なのは、具体レベルと抽象レベルを階層化させ、「つながった目標」になっていることです。

たとえば、先の①②③④をすべて関連付けて、「自分は将来、世界中の人々を幸せにするために貢献したい。それを実現する分野としては教育を選んで、まずは日本の子供に勉強の喜びを教えていきたい。その具体的な成果を目に見える形にするための手段として、理科のスマホアプリをつくりたい。そのために、来週からプログラミングの教室に毎週火曜日に通って、資格を半年間で取ることから始めていきたい」といった具合です。

抽象と具体のいずれか一方だけでは不完全で、ここでも「具体と抽象の往復」が必要になるということです（次ページ図）。

重要なのは、「計画と行動」における具体と抽象のそれぞれの特徴と長所・

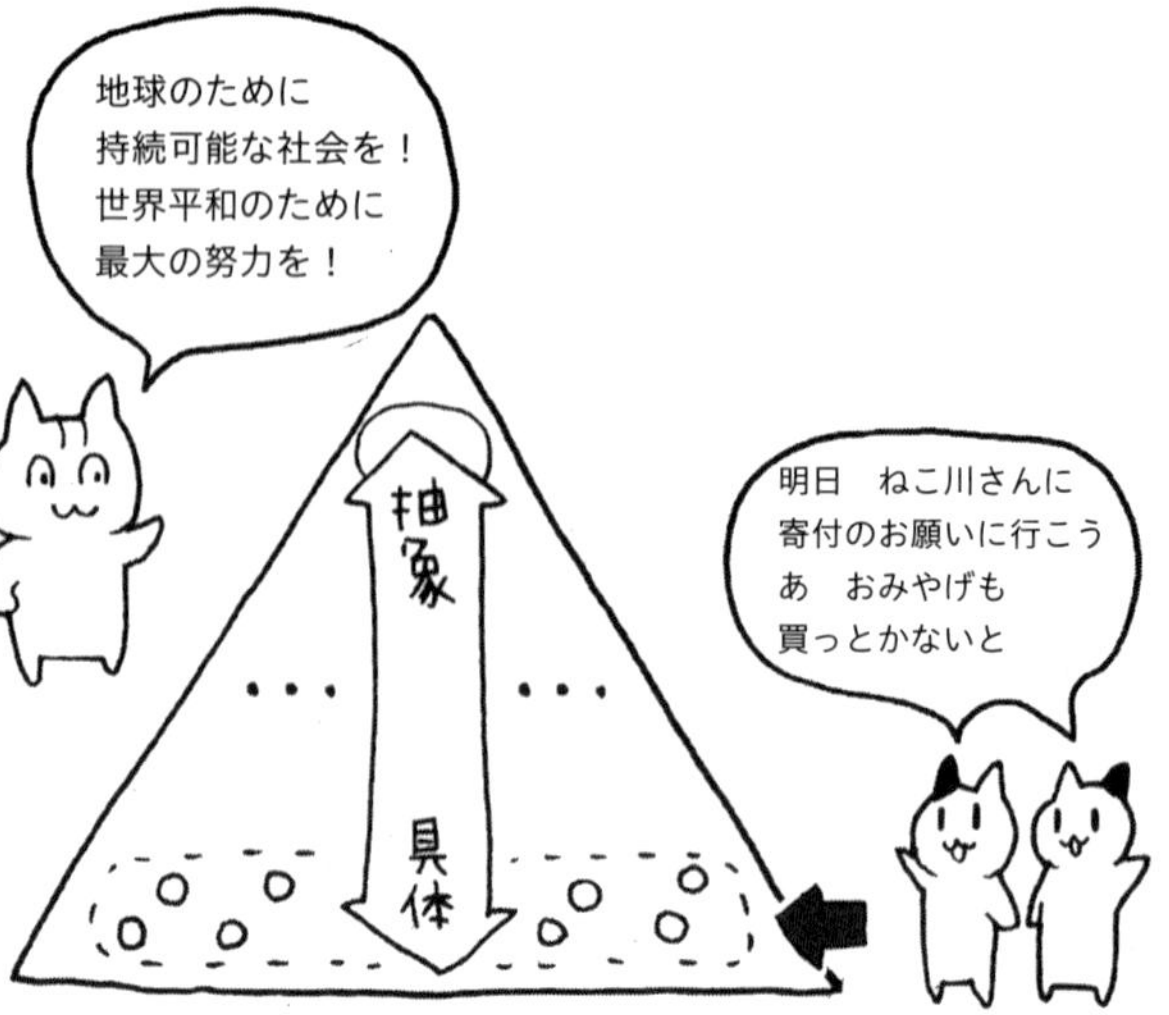

短所を知った上で、両者をうまく使い分け、使いこなすことです。

「計画と行動」において、具体と抽象はそれぞれどんな特徴を持っているのか、比較してみましょう（次ページ表）。

具体的な目標は、「明日」「来週」など、すぐに行動可能なものです。これに対して抽象的な目標は、「人生を通じて医療に貢献する」というように長期的で壮大であるかわりに、実行のイメージからは遠くなるものです。

続いての特徴は、具体的な目標は、解釈の自由度が小さく適用範囲が狭いために、ある意味「逃げ場がなくなる」といえます。だから「確実な実行」を狙《ねら》った目標は、極力具体的でなければなりません。

逆に抽象的な目標は、解釈の自由度が大きく適用範囲が広がるために、「逃

具体的	抽象的
・短期的	・長期的
・すぐに行動可能	・行動への翻訳要
・解釈の自由度小さい	・解釈の自由度大きい
・適用範囲狭い	・適用範囲広い
・結果の是非判断容易	・結果の是非判断困難
・感情に訴える	・感情に訴えない

げ場の余地を残す」ことができます。これは「国会答弁のようだ」とよく揶揄《やゆ》される手法で、不都合な言質《げんち》をとられないように、「善処します」「前向きに検討します」「最大限の努力を……」「必要最低限で……」といった「抽象的な表現」を用いて解釈を広げておく戦略です。

こうした抽象的な目標設定は、大抵の場合、数値などの具体性が一切ないために、後になってから達成したかどうかの判断が難しい（達成したともいえるし、していないともいえる）という特徴があります。おそらくこれが、「抽象的であること」が悪者にされる典型的な事例といってよいでしょう。

これに対して具体的な目標設定は、「いつ」「だれが」「どこで」「何を」といった、いわゆる5W1Hが明確に「数値や固有名詞」で表現されているので、達成したかどうかを明確に判定することが可能です。

なお、「大きな理想」という抽象レベルの目標を掲げながらも、目の前の実行も手がけるのが起業家です。どちらか一方だけではうまくいかないので、まさに「具体と抽象の往復」を日常的に行うことになります。第10章の言葉を借りれば「上流と下流の同時進行」のようなものです。

起業はある意味最上流の仕事であり、不確実性の高いフェーズですから、実行にも失敗がつきものです。それをいちいち具体レベルで「失敗」ととらえていては立ち直るのが難しくなります。あくまでも上位目的の実現手段の一つであると考えるのが起業家です。起業家が失敗しても立ち直るモチベーションになるのは、抽象度の高い上位目標ということになるでしょう。

最後の特徴としてあげられるのが、感情への訴求度です。抽象度は上がれば上がるほど、客観性が増していく分、感情には訴えなくなります（個人の実体験に基づく苦労話を聞いて泣く人はいても、数学の話を聞いて感動のあまり涙を流す人はまずいないでしょう）。

ところが、人間は、個人レベルでは感情で動くことがほとんどですから、集団での目標を達成するためには、感情に訴えることが不可欠です。そのような場合に必要なのは具体例、個人的な体験やストーリーということになります。ここでも、具体と抽象をうまく組み合わせて使い分けることがポイントです。

同様によく議論されるテーマとして、新しい行動を始めるのに「形から入るか、中身から入るか?」があります。趣味の世界でいえば「道具から入るか」「うまくなってから道具を買うか」ということです。

会社や政治での新しい活動を推進するために、「数値目標を設定する」のも「形から入る」ことの代表例です。数値目標とは「具体レベル」での目標であり、これを明確にすることで実行を確実にするという狙いがあります。

その際に起こりがちなのが、数値目標の一人歩きです。当初の目的(これが抽象化レベルです)が忘れられ、前章で解説した「本末転倒」が起きてしまうのです。たとえばマイノリティの採用や昇進目標(全体の◯◯%にする……など)があるでしょう。また、「プレゼンでのパワーポイント禁止。A3用紙一枚でまとめること」なども この例の一つといえるでしょう。つまり、途中から「形式が一人歩きして本来の目的が忘れられる」という状態です。

数値目標や「形式をしばる」のは具体レベルでの目標設定にすぎないので、時に「本末転倒」が起こりますが、「実行重視」の人ならばその心配はありません。そんなことは百も承知の上で、あえて「形から入る」ことを確信犯で選択します。「抽象的な理想論」はその場では格好良く見えても、結局は実行につながっていないことがよくあるため、そのほうが行動に直接つながることをよく知っているからです。

具体と抽象は、常にセットで全体を見て、それらを連係させせた上で計画と実行のバランスをとっていくことが重要なのです。

第18章 マジックミラー「下」からは「上」は見えない

高名な陶芸家を訪問
ろくろをまわしているとき宇宙とつながっているのです
ホッホッホ
な…なるほど
あのジイさん何言ってるか全然わかんなかったなー
いや…でもそれは俺たちが未熟だからわからないのかもしれない…
わからないことを切り捨てるんじゃなくて
理解できるように努力することが大事なんじゃないか
じゃあ近所のじいちゃんももしかしたらスゲーこと言ってるのかもな!
○×ほにゃ△※
ヒック
酒
おまえら さあけ さあけ そうだよ さあけ
何言ってるか全然わかんねーし!!

抽象度の高い概念は、見える人にしか見えません。抽象化というのは、残念ながら「わかる人にしかわからない」のです。だから本書の目的は、読者に「わかる人」になってもらうことですが、あくまでもそれは最終目標で、一度読んだだけで習得できなかったとしても、「自分の見えていない世界が存在している」というイメージをつかんでもらえればよいと思います。

周囲に「わけのわからないことを言っている」と感じる人はいませんか？　もしいたとしたら、こんなふうに考えるだけでも、仕事のやり方や世の中の見方が変わってきます。

「もしかしたら、私には見えていない抽象概念の話をしているのではないか」

「表面的なことではなく、そこからつながっている本質的なことを語っているのではないか」

具体の世界と抽象の世界は、いってみればマジックミラーで隔てられているようなものです。本書のピラミッドで言うと、上（抽象側）の世界が見えている人には下（具体側）の世界は見えるが、具体レベルしか見えない人には上

（抽象側）は見えないということです（上図）。

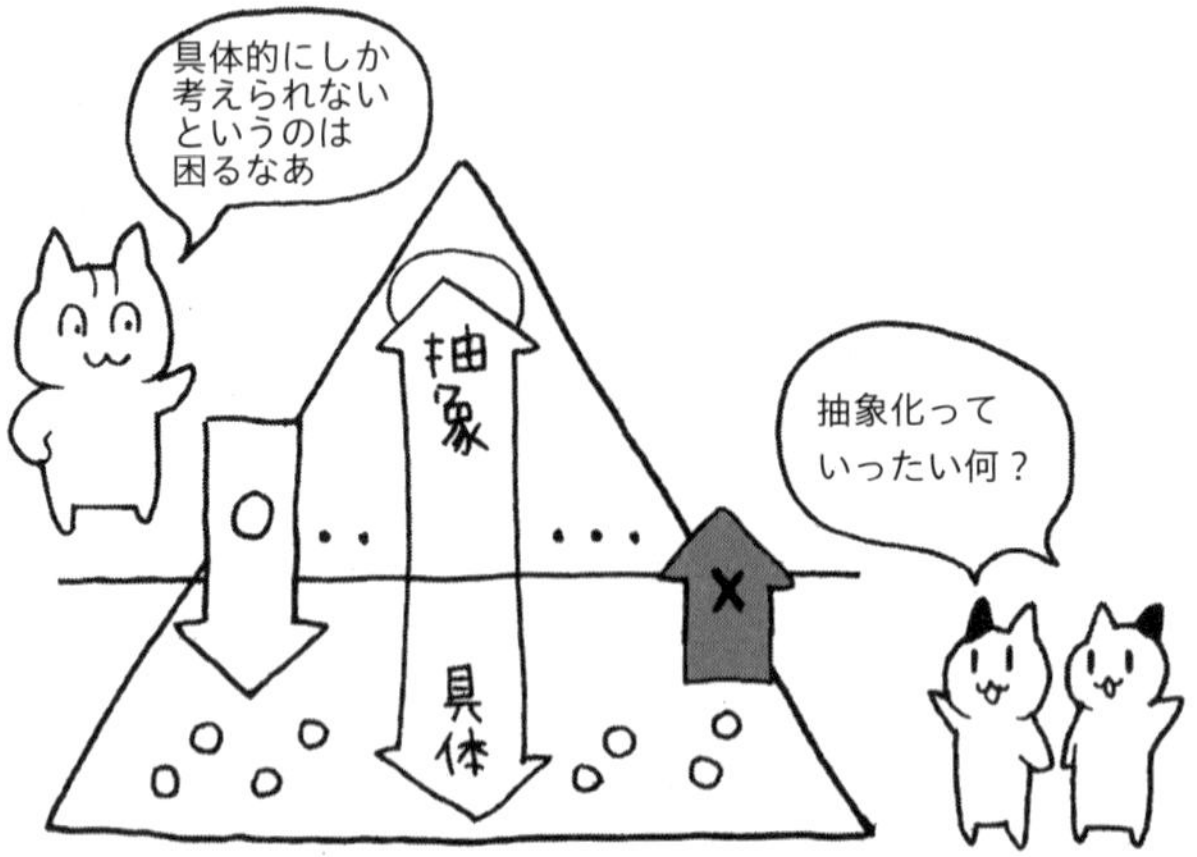

ここに本書で伝えたいもう一つのメッセージがあります。「見えている」側に立ったときに、「見えていない相手」にどのように対処すべきか、ということです。これは「見えている人」（見えてしまった人）が持つ、共通かつ永遠の悩みといえます。

読者の皆さんも経験があるでしょう。だれにでも、経験や知識が豊富にあり、ある程度の哲学を確立している分野というものがあります。その分野になじみのない人たちの「未熟さ」を目の当たりにすることはないでしょうか。その人たちに説明を試みようとしても、相手が「ぽかんと」してしまうという状況です。あるいは、わかっているように見えて、じつはまったくわかっていないと感じるような状況です。

そうした状況は、世の中にはたくさん転がっています。抽象度が高ければ高いほど、一部の人にしか理解してもらえません。

典型的な例がアインシュタインの相対性理論です。この理論は専門の物理学者でさえ、発表当時は世界でも理解できる人が少数しかいなかったといわれています。歴史上名を残した人が、そのアイデアや作品を出した時点では、周囲にまったく理解されず、不遇に終わる理由の一つがここにあります。

美術を考えてもわかるでしょう。写実的な作品はわかりやすいので、「理解されない」ことはあまりありませんが、抽象画はそうはいきません。他の芸術においても、「抽象的なメッセージ」を持った作品は、往々にして「賛否両論」になります。この場合、「否」の大部分の人は「理解できない」というのが、その作品を否定する理由といえます。

本書のピラミッドの形状が示すように、対象の抽象度が上がるにつれて、理解できる人の数が減っていきます。抽象レベルの世界が見えている人は圧倒的な少数派です。だから社会では変人扱いされ、歴史を見れば「迫害」までもされた例は少なくありません。

人間はどんなに具体的なことしか見ていないように見える人でも、動物からしたら「めちゃくちゃ抽象的」な言葉を操っています。これが「マジックミラー」の怖いところで、自分がその世界に足を踏み入れてしまえば、そのレベルの抽象概念が自然で不可欠なものになります。ところが前述したとおり、抽象と具体は相対的なものなので、さらに上の抽象の世界があるはずです。その、自分には理解できないレベルの抽象を前にすると、私たちは「わからない」と批判の対象にしてしまうのです。

「抽象的でわからない」と言うのは、「小金持ちが大金持ちを笑う」ようなものです。人間は一人残らず抽象概念の塊《かたまり》なのですが、自分の理解レベルより上位の抽象度で語られると、突然不快になるという性質を持っているようです。

第19章

一方通行
一度手にしたら放せない

前章で、「具体↕抽象」のピラミッドには、片側からしか見えない「マジックミラー」があると書きましたが、このピラミッドには、別の「一方通行」があります。

「一度上ったら簡単には下りられない」ということです。

抽象化というツールは、一度手にしたらなかなか手放すことはできず、元にもどることは難しいという性質があります。「言葉を使わずに生活してみよ」と言われたらどうなるのか。「言葉を使わない」ことは、単にしゃべれないだけでなく、他に重要な意味合いを持ちます。

ジェスチャーだけでは抽象的な表現をするのは困難です。言葉を封じられることは、抽象思考を封じられることを意味します。

そもそも「抽象論はわからない」とか「一般化しすぎはよくない」と言っている「具体論者」も、「抽象論は……」とか「一般化しすぎは……」というそのセリフ自体が相当な「一般論」であることに自分自身で気づいてもいません。

またそういう人たちだって、何気なく「日本人は……」とか「昔の人は……」などという形で、無意識に相当な一般化をしてしまっているのです。

私たちはこのように、他人への一般化は平気でやるのに、自分が関連していることを他人に一般化されることは理解もできないし、好まない傾向にあるようです。

抽象化が、一度手にしたら手放せないことを別の例を使って説明しましょう。

「りんご三個とみかん五個だと六五〇円、りんご六個とみかん二個だと九八〇円であるとき、りんごとみかんの一個あたりの値段を求めなさい」

方程式を使わずにこの問題を解いてみてください。簡単にできるでしょうか。

「リンゴの値段をxとおいて、みかんの値段をyとおいて……」が方程式の考え方ですが、値段という具体的な数字を「x」とか「y」とかに置き換えるのが抽象化です。

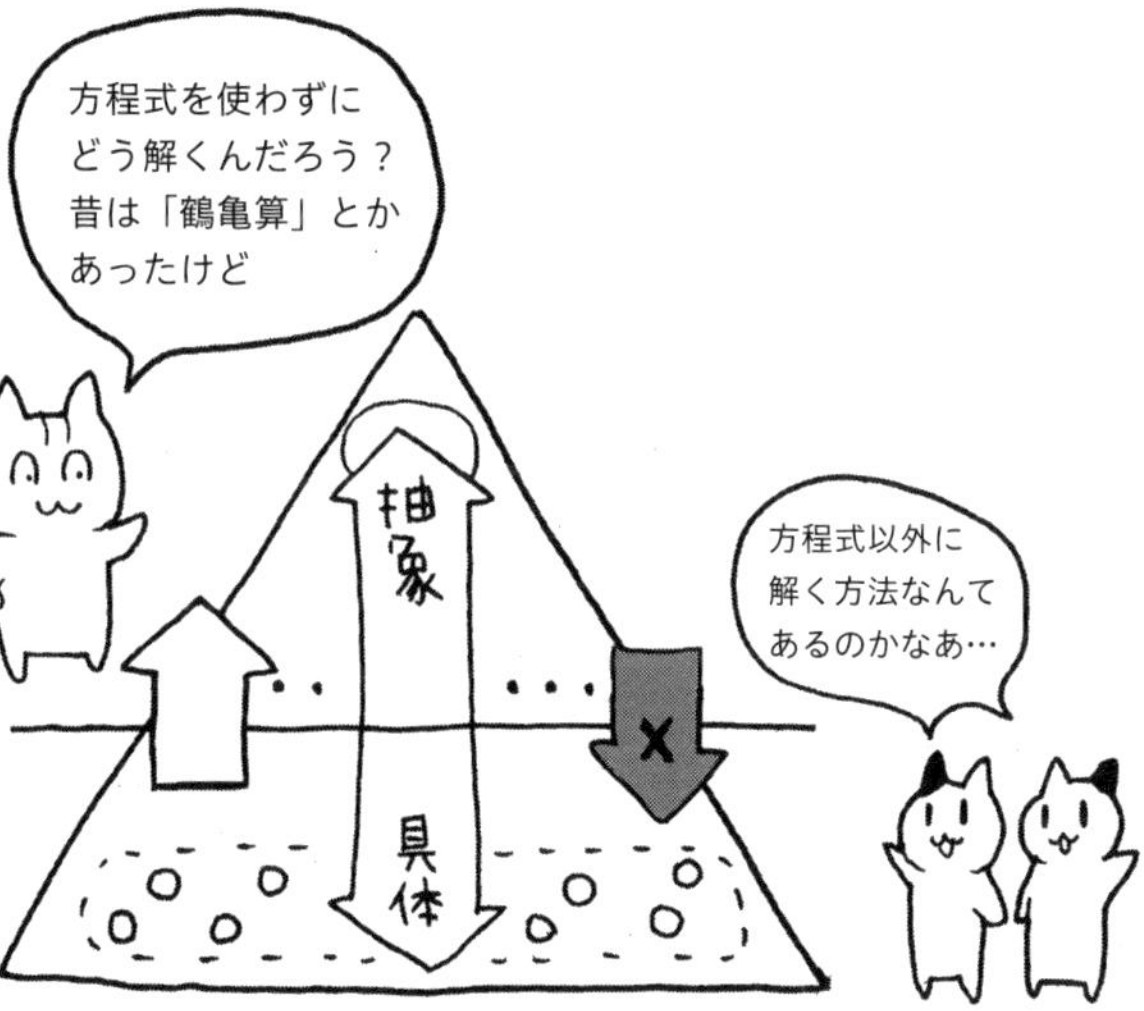
方程式を使わずに
どう解くんだろう？
昔は「鶴亀算」とか
あったけど
抽象
具体
x
方程式以外に
解く方法なんて
あるのかなあ…

「方程式」も、数や言葉と同様に人間が持っている抽象化の武器ですが、一度手にしたら簡単に手放せないものの典型的な例ともいえます（上図）。

言葉では、「業界用語」や「カタカナ用語」も同様です。「使っていない」人から見ると、これほど使われて不愉快なものはないのですが、使っている人の側からすれば、これを使わずに過ごすのは難しいのでしょう。これも抽象化の「一方通行」の例です。

子供は、自然に、そして徐々に抽象的な概念や表現を覚えていきます。たとえばこんな状況を考えてみましょう。遠い田舎に住んでいるおばあちゃんから電話がかかってきました。「何をしてたの?」と聞かれた子供は、どう答えるでしょう。

「セブン－イレブンにポッキーを買いに行ってた」
「あいちゃんとアンパンマンを見てた」

まだ抽象概念を十分に扱えない小さな子供は、固有名詞を使った抽象度の低い表現しかできないはずです。これが成長するにしたがって、変化していき、相手に合わせて抽象度を上げて表現することを覚えていきます。

「コンビニにお菓子を買いに行っていた」
「友達とテレビを見ていた」

セブン－イレブンがコンビニになり、ポッキーがお菓子になり、あいちゃんが友達に変わります。つまり暗黙のうちに、具体的なものを共有していない人たちとのコミュニケーションには、「そのものずばり」の具体的な表現ではわかりにくいことを理解し、適度に抽象化することで表現の汎用性が出ることを覚えていくのです。

言語の勉強にも「一方通行性」の一端が見られます。小さな子供は文法からではなく、個別の単語や表現から言語を習得していきますが、大人は文法から入ったほうが習得しやすいというのも同じ構図といえるでしょう。

要は、状況と相手に応じてちょうどよい抽象度でコミュニケーションすることが重要です。「抽象的だからわかりにくい」ということがクローズアップされがちですが、じつは「具体的すぎてわかりにくい」こともあるのです。

第20章

共通と相違 抽象化を妨げるものは何か

高い抽象レベルの視点を持っている人ほど、一見異なる事象が「同じ」に見え、抽象度が低い視点の人ほどすべてが「違って」見えます。したがって抽象化して考えるためにはまず、「共通点はないか」と考えてみることが重要です。当然ここでいう共通点は「抽象度の高い共通点」です。

このような思考回路の障害になるものは何でしょうか？

その最大のものは、「自分だけが特別である」「自分の仕事や組織や業界が特殊である」という考えです。人間は他人の成功例や失敗例を見ても「あれは自分とは違うから……」と考えがちで、他人に自分の話を一般化されることを嫌う傾向があるようです。

とくに具体の世界しか見ていない人ほどその傾向が強くなります。「あの人は美形だから」「家柄が良いから」、「あそこの会社とうちは扱っている商品が違うから」「あそこはオーナー社長だから」……。それは大抵の場合、自分の特殊事情を強調した「できない理由」になっていきます。

とくに経験した世界が狭ければ狭いほど、他の世界のことがわからないにも

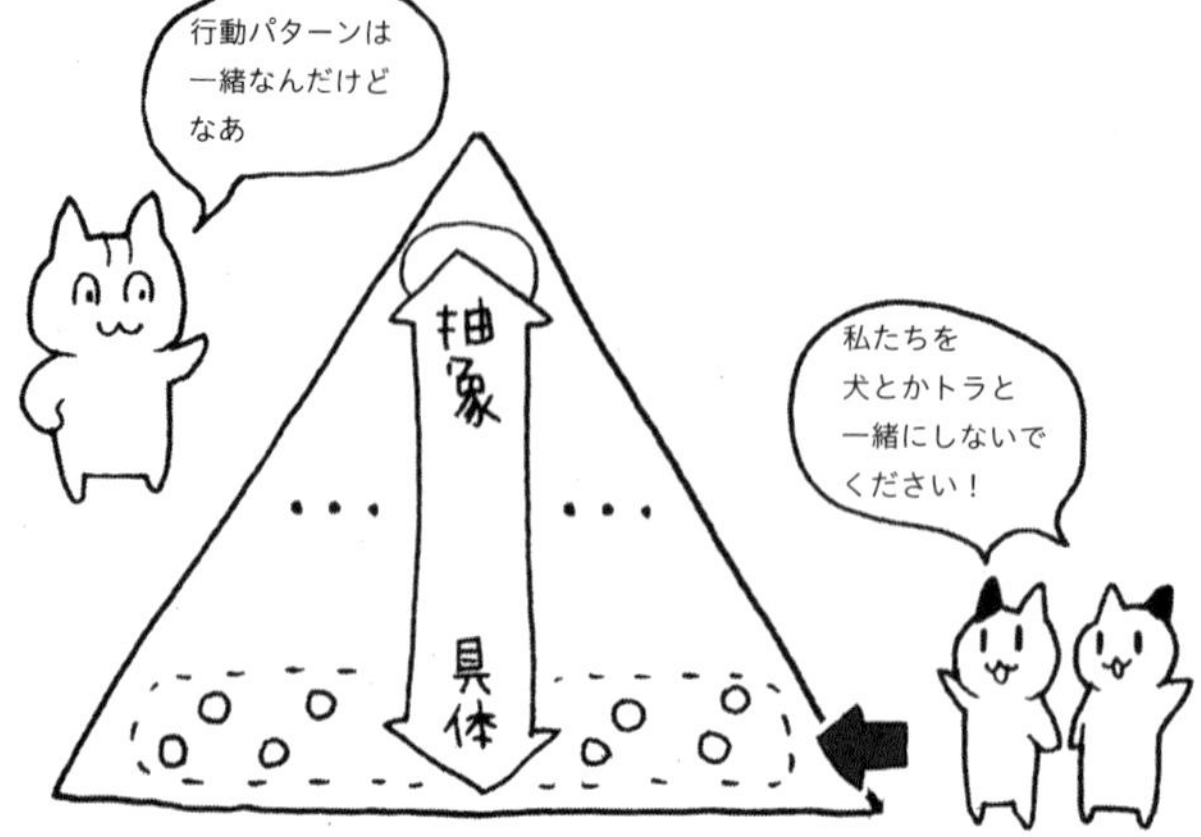
行動パターンは
一緒なんだけど
なあ
抽象
具体
私たちを
犬とかトラと
一緒にしないで
ください！

かかわらず、自分の置かれた状況が特殊であると考える傾向があります。多種多様な経験をすればするほど、「ここの部分は違うが、ここの部分は同じだ」というふうに共通部分にも目が向けられるようになってきます（上図）。

もちろん一方で、「何がなんでもすべてのものに当てはまるはずだ」というのも暴論です。そこで重要なのは、他人や他社の成功なり失敗なりが本質的に何に起因しているのか、抽象度を上げた特性を探り当てることです。そのうえで「同じ」なのか「違う」のかを判定するのです。具体レベルの見た目や表面的な相違をもって「違う」と言っていては、「一を聞いて十を知る」という抽象化の威力を発揮させることができません。

アナロジーを利用したアイデア抽出の場面では、このような考え方がとくに重要になります。表面的な類似性でなく、関係性や構造レベルでの共通点と相違点に目を向けること、そして「要するに何が大事なのか」という本質レベルで共通点や相違点に目を向けること、それができれば抽象化というツールを最大限に生かすことができます。

では、どうすれば、こうした抽象化思考をうながすことができるのでしょうか。

多種多様な経験を積むことはもちろんですが、本を読んだり映画を見たり、芸術を鑑賞することによって実際には経験したことのないことを疑似経験することで、視野を広げることができます。そうすれば、「一見異なるものの共通点を探す」ことができるようになり、やがてそれは無意識の癖のようになっていきます。

なぜ、一つ一つがすべて違って見えるのかといえば、すべてを具体レベルでとらえているからです。具体レベルだけでとらえれば、「昨日近所の◯◯軒でお昼に食べたタンメン」と「先週札幌の××亭で食べた味噌《みそ》ラーメン」は同じものである「わけがない」のです。

抽象レベルを上げれば、「同じである」ととらえられる範囲が広がります

（視野が広がるということです）。経験や情報の量が同じであっても、具体レベルでものを見ている人に比べ、格段に豊富なアイデアを生み出すことができるでしょう。

終章

抽象化だけでは生きにくい

後半の数章では、いわば「抽象化の取り扱い説明書」について解説してきました。抽象化は人類の知性の発展にとてつもない貢献をしている一方で、さまざまなコミュニケーションギャップや偏見も生み出してきました。

よくも悪くも身の回りの事象を「解釈」することを覚えてしまった人間は、自然をありのままに眺めることが非常に難しくなってしまっています。抽象レベルの概念はそれが固定化されやすいという性質を持っており、これが偏見や思い込みを生み出し、私たちの判断を狂わせます。

さらに、抽象度という一つの座標軸におけるスタンスが人によって異なるために、人間同士のコミュニケーションにも障害をもたらすことが多いというのも本書で解説したとおりです。

抽象の世界に足を踏み入れてしまった人は、その世界が見えていない人にいらだちを覚えます。「表面事象」でしかものをとらえられない部下に不満を持つ上司がその典型です。あるいは逆に「前例」や「数値目標」という具体的なものでしか判断しない上司にいらだつ部下も同様です。いずれにしても、「見えていない人」から見ると、「見えている人」は「訳のわからないことを言っている異星人」にしか見えないのです。

人類に思考という最強の武器を手に入れさせた一方で、「野性の行動力」を失わせたのも抽象という概念なのかもしれません。頭の中にとんでもなく大きな精神世界を作り上げた人間は、物理的な世界ではある意味動物に劣って当然ともいえます。「考えると行動ができなくなる」のも抽象の世界がもたらした弊害です。

抽象化能力のもたらす客観視の姿勢は、主観的な感情とも衝突します。本文の中では抽象化思考をするための「阻害要因」として「自分を特殊だと考える」という人間の思考の癖を取り上げましたが、よく考えるとこれは本末転倒で、抽象化思考のほうが、自分中心で生きようとする人間の行動を「阻害」しているといえるのかもしれません。

これらの弊害も考慮していくと、結局重要なのは、「抽象化」と「具体化」をセットで考えることです。これらは一つだけでは機能せず、必ずセットになって機能します。福沢諭吉は「高尚な理は卑近の所にあり」という言葉を残しています。まずは徹底的に現実を観察し、実践の活動を通して世の中の具体をつかみ、それを頭の中で抽象化して思考の世界に持ち込む。そこで過去の知識や経験をつなぎ合わせてさらに新しい知を生み出したのちに、それを再び実行可能なレベルにまで具体化する。これが人間の知とその実践の根本的なメカニズムということになると考えられます。

そのような「具体と抽象」の全体像をつかむ上で、本書で解説したような「抽象度」という観点で身の回りの事象を観察することが重要になります。そのために、なかでも「はじめに」で述べた二種類の想定読者に本書が役立つことを望んでいます。

おわりに

国語と数学は役に立たないか？

抽象化への旅はいかがでしたか？

「抽象化なくして生きられない」から始まり、「抽象化だけでは生きにくい」まで、長所だけでなく短所も含めて、さまざまな側面から抽象化について考えてきました。

要するに「たかが抽象化、されど抽象化」ということです。弊害もありながら、計り知れないメリットもある抽象化。読者の皆さんはこれから、どういう姿勢で抽象化に向き合うのでしょうか。

私たちが小学校から何年にもわたって学んできた「二大教科」は国語と数学（算数）です。これらはすなわち、言葉と数、要するに抽象化を学んでいるわけです。

「数学なんか勉強しても、四則計算以外は何の役にも立たない」という言葉をよく聞きます。大変皮肉なことですが、そのようなセリフが出てくること自体が、数学による「抽象化の学習」が失敗していることを意味するのです。具体レベルでだけ数学をとらえれば「直接何の役にも立たない」ように見えますが、抽象レベルで見れば数学の「考え方」はどんな職業の人にも毎日必ず役に立つはずなのです。

国語も同様です。日常生活で言語として使うだけなら、「日常英会話」と同様、単語と慣用表現などの「日常日本語会話」だけ学べばよいのです。それをわざわざ膨大な時間をかけて、難解な長文を要約したり、自分の考えをまとめたりする練習をするのは、抽象と具体の往復運動という頭の体操のためなのです。そこが「国語」という教科が、単に「英語」と同列の「日本語」ではない決定的な違いといえます。

「大学における『一般教養』の教育が役に立つのか?」という議論も同様です。具体レベルで見れば、「哲学」や「古典」を学んでも「実践的でない」のは明白です。一般教養というのは「一般」教養というぐらいで一般性や抽象度の高い内容であり、これをさまざまな形で「具体化」できるかどうかは、抽象概念をどれだけ理解し、操れるかにかかっています。

抽象という概念を今後どのように活用するかは読者の皆さんに任せることにしましょう。ただ一つ確実にいえることは、ここまで膨大な時間をかけて（無意識のうちに）学んでしまった抽象の概念を、意識も実践もせずに、あえて「具体と実践」のみを選択するのであれば、「動物の道」を選んでもよかったのです。

きっと動物の親子は「学校教育」に血道をあげる人間たちを見てこう思っていることでしょう。

「教科書なんか読んでいる間に、エサを捕《と》る実践訓練をすればいいのに」と。

二〇一四年一一月

細谷《ほそや》 功《いさお》

著者略歴
ビジネスコンサルタント、著述家。1964年、神奈川県に生まれる。東京大学工学部を卒業後、東芝を経てビジネスコンサルティングの世界へ。米仏日系コンサルティング会社を経て、2009年よりクニエのマネージングディレクターとなる。2012年より同社コンサルティングフェローに。ビジネスコンサルティングのみならず、問題解決や思考に関する講演やセミナーを国内外の企業や各種団体、大学などに対して実施している。
著書に、『地頭力を鍛える』（東洋経済新報社）、『いま、すぐはじめる地頭力』（だいわ文庫）、『「Why型思考」が仕事を変える』（PHPビジネス新書）、『アナロジー思考』（東洋経済新報社）、『会社の老化は止められない』（亜紀書房）、『なぜ、あの人と話がかみ合わないのか』（PHP文庫）、訳書に『プロフェッショナル・アドバイザー』（デービッド・マイスターほか著、東洋経済新報社）、『ハスラー』（アリ・カプラン著、亜紀書房）などがある

具《ぐ》体《たい》と抽象《ちゅうしょう》
世界《せかい》が変《か》わって見《み》える知性《ちせい》のしくみ

著者　細谷《ほそや》功《いさお》

2014年12月 7 日　第 1 刷発行
2025年 2 月17日　第35刷発行

装画＋本文漫画・図　一秒
装幀　渡邊民人（TYPEFACE）
本文デザイン　森田祥子（TYPEFACE）

発行者　松戸さち子
発行所　株式会社dZERO
http://www.dze.ro/
千葉県千葉市若葉区都賀1-2-5-301　〒264-0025
TEL: 043-376-7396　FAX: 043-231-7067
Email: info@dze.ro

印刷・製本　モリモト印刷株式会社

978-4-907623-10-4